Knaur.

Über die Autoren:

Lorraine Balinska ist eines der erfolgreichsten britischen Models – als erste farbige Frau schaffte sie den Sprung auf das Cover der amerikanischen ELLE.

Sie ist ein leidenschaftlicher Fußballfan, weshalb ihr privates Leben alle vierzehn Tage im Stadion ihres Lieblingsvereins Charlton Athletic stattfindet.

Eberhard Maier war DSF-Sportjournalist und arbeitet jetzt als freier Journalist und Autor. Fußball ist sein Leben, leider kann er als Fan des SC Freiburg nicht so häufig Erfolge feiern. Er hat die deutsche Ausgabe dieses Buches bearbeitet und ergänzt.

Lorraine Balinska

Kick it

Das ultimative Fußballbuch
für Frauen

Aus dem Englischen
von Hucky Maier

Knaur Taschenbuch Verlag

Besuchen Sie uns im Internet:
www.droemer-knaur.de

Deutsche Erstausgabe 2004
Knaur Taschenbuch. Ein Unternehmen der
Droemerschen Verlagsanstalt Th. Knaur Nachf. GmbH
& Co. KG München
Copyright © 2004 by Lorraine Balinska
Published by Arrangement with Lorraine Balinska
Copyright © 2004 bei Droemersche Verlagsanstalt
Th. Knaur Nachf. GmbH & Co. KG München
Dieses Werk wurde vermittelt durch die Literarische
Agentur Thomas Schlück GmbH, 30827 Garbsen.
Alle Rechte vorbehalten. Das Werk darf –
auch teilweise – nur mit Genehmigung des Verlags
wiedergegeben werden.
Redaktion: Eberhard Maier
Umschlaggestaltung: ZERO Werbeagentur, München
Illustrationen: Lorraine Balinska
und www.dfb.de (S. 33, 41)
Satz: Pinkuin Satz und Datentechnik, Berlin
Druck und Bindung: Clausen & Bosse, Leck
Printed in Germany
ISBN 3-426-62377-3

2   4   5   3   1

Inhaltsverzeichnis

Ist etwa schon wieder dieses »Fußball« angesagt? Sitzen Sie auf dem Sofa herum und drehen Däumchen, während Ihr Mann mit völliger Hingabe das Spiel verfolgt? Möchten Sie nicht einmal mit Ihrem fußballerischen Fachwissen so richtig Eindruck schinden?

Wenn wir uns nicht verdammt schnell etwas Vernünftiges einfallen lassen, dann ist diese Lederkugel drauf und dran, die Kontrolle über unser Leben und unsere Männer zu übernehmen. Es gibt eigentlich nur eine Lösung, um diese Situation zu meistern: nicht dagegenhalten, sondern mitmachen!

Und sind Sie vielleicht jemand, der sich mit geringstmöglichem Aufwand mit den Spielregeln vertraut machen möchte?

Dies ist das ultimative Fußballbuch, besonders für Frauen. Ein kurzes und leicht verständliches Nachschlagewerk mit all den Dingen, die Sie schon immer wissen wollten, nach denen Sie sich aber nicht zu fragen trauten. Oder nach denen Sie tatsächlich fragten, von Ihrem fußballschauenden Gatten jedoch nur ein ungläubiges »tssss« zu hören bekamen.

Beeindrucken Sie Freunde und Familie mit Ihrem fußballerischen Fachwissen. Zum ersten Mal in Ihrem Leben werden auch Sie brüllen können: »Schiri … ABSEITS!!!!!« Dieses praktische Taschenbuch findet immer in Ihrer Handtasche Platz, sollten Sie tatsächlich ins Stadion gehen. Sie können es auch einfach strategisch klug am Sofaende platzieren und sich vor dem Anpfiff mit einem Griff auf den neuesten Stand bringen. Lehnen Sie sich also entspannt zurück. Und viel Spaß beim Lesen.

1

Über das Spiel

Die Geschichte des Spiels
(Jetzt wird's historisch)

Ganz entgegen der vorherrschenden Meinung haben die Engländer den Fußball nicht erfunden. Historisch findet sich der erste Hinweis auf das Spiel in China um 200 v. Chr. Auch bei den Griechen und Römern kannte man ähnliche Sportarten.

Um 1863 wurde aber in England der erste nationale Verband in Europa gegründet, wodurch überall im Land Fußball nach denselben Regeln gespielt werden musste. Bis dato wurde in den meisten Ländern nach unterschiedlichen Regeln gespielt. Dadurch war es unmöglich, direkt gegeneinander zu spielen.

Obwohl Fußball im Laufe der Zeit als Spiel der Arbeiterklasse galt, stammten die Gründungsmitglieder des englischen Fußball-Verbandes von den höheren Schulen und Universitäten, einschließlich Oxford und Cambridge.

Die Geburtsstunde für den organisierten Fußball in Deutschland schlug am 28. Januar 1900 in Leipzig. Und wie es sich für eine damals reine Männersportart gehörte, wurde der Deutsche Fußball-Bund DFB in einer Kneipe gegründet. In der Gaststätte »Mariengarten« schlossen sich insgesamt 86 Vereine zusammen. Inzwischen ist der DFB mit rund 27 000 Vereinen und 6,3 Millionen Mitgliedern nicht nur der mit Abstand größte deutsche Sportverband, sondern auch einer der größten Fußball-Verbände der Welt.

1963 wurde dann die Bundesliga und damit auch der Profifußball eingeführt.

Seit Beginn der Bundesliga-Saison 2001/2002 ist die Deutsche Fußball-Liga DFL – unter dem Dach des DFB – für die Profi-Ligen verantwortlich.

Verschiedene Fußballarten

Frauenfußball

Als in den 70/80er Jahren mit der Frage der Gleichberechtigung einige übereifrige Aktivistinnen auch die Forderung erhoben, Fußballstadien nach Frauen zu benennen, fragte der heutige Bundespräsident und Fußballfan Johannes Rau grinsend: »Wie soll das denn dann heißen? Ernst-Kuzorra-seine-Frau-ihr-Stadion?« Und natürlich hatte er völlig Recht mit seiner Ironie, denn Frauenfußball wurde damals fernab der Öffentlichkeit auf Hobby-Niveau gespielt. Das hat sich inzwischen deutlich geändert – WIR MÄDELS haben ganz schön aufgeholt! Und was die Nationalmannschaft anbetrifft, so können die Männer manchmal nur neidvoll auf die Erfolge der Frauen blicken. Denn die deutschen Fußballerinnen sind aktuelle Welt- und Europameisterinnen. Fünfmal (1989, 1991, 1995, 1997, 2001) gewann die deutsche Frauennationalmannschaft die Europameisterschaft, während die Männer es gerade mal auf drei Europameistertitel brachten – ätsch! Na gut, während die Männer auch dreimal Weltmeister wurden, ist der Weltmeistertitel 2003 der bisher einzige bei den Frauen. Dafür gibt es aber auch erst seit 1991 Weltmeisterschaften im Frauenfußball. Deshalb, liebe Männer: Freut euch ja nicht zu früh!

Trotz aller Erfolge der Frauen dürfen wir uns nichts vormachen: In Deutschland zählt leider nur Männerfußball. Ach, das glauben Sie nicht? Na dann lesen Sie doch mal den Kommentar von Max Merkel zum Thema Frauenfußball. Der frühere Meistertrainer mit Nürnberg und 1860 München gibt seit Jahrzehnten als Kolumnist mehr den hämischen Satiriker als den Fußball-Experten ab. So wurde der inzwischen 85-jährige Österreicher anlässlich der Frauenfußball-WM 2003 in den USA um einen Gastkommentar in der linken Berliner »TAZ« gebeten. Unter der Überschrift »Ein Elend für die Augen« schrieb Merkel unter anderem: »Es schmerzt, diese Spielerei in Slowmotion ansehen zu müssen. (…) Zum Glück wird die Frauenfußball-WM aus USA bei uns meist nachts übertragen. Da gucken nur Krankenschwestern oder die Freiwillige Feuerwehr in Bereitschaft. Die sehen dann Fußballspielerinnen – dagegen wirkte Klaus Löwitsch fast feminin. Ach Max, lasse die Frauen doch ihren Spaß, meint Marion. Meine Frau ist Liberalfeministin. Ich bin Fußball-Artschützer.«

Und das nach dem historischen WM-Titel der deutschen Frauen, die auch noch für ihren besonders attraktiven Fußball ausgezeichnet wurden. (Die für diesen Titelgewinn besonders wichtige Birgit Prinz wurde zur Weltfußballerin 2003 gewählt.) Über 10 Millionen ARD-Zuschauer verfolgten das Endspiel – ganz schön viele Krankenschwestern und Feuerwehrleute! Unterschrieben ist der Kommentar übrigens mit: »Max Merkel ist Fußball-Guru«.

Also müssen wir realistisch sein und erkennen, dass wir unsere Männer nur mit geballtem Wissen über Beckenbauer & Co. beeindrucken können. Deshalb widmet sich dieses Buch nachfolgend auch nur den männlichen Kickern.

Beachfußball

Neudeutsch auch Beachsoccer genannt. Der Strand wird analog dem Beach-Volleyball als Spielfeld zweckentfremdet. Gespielt wird meistens fünf gegen fünf. Bereits 1993 wurde das erste Beachsoccer-Turnier in Miami veranstaltet. Inzwischen gibt es auch Welt- und Europameisterschaften.

Hallenfußball

Fußball in der Halle wurde einige Jahre intensiv in der langen Winterpause der Bundesliga gespielt. Dem geringen sportlichen Wert standen Fernsehübertragungen und damit natürlich auch Fernsehgelder gegenüber. Doch häufige Verletzungen und die Erkenntnis, dass mit einer ausgedehnten Hallensaison eine gezielte Vorbereitung auf die Bundesliga-Rückrunde erschwert wird, ließen das Hallenspektakel in den vergangenen Jahren auf einige wenige Highlights schrumpfen. Hauptsächlich für Fußballfans geeignet, die sich vor einem langweiligen Winterwochenende mit der Familie fürchten und daher lieber in der stickigen Halle mit Kumpels ein paar Bierchen zischen.

Tischfußball

Jeder Spieler hat vier Stangen, an denen kleine Plastik-Fußballer befestigt sind. Zwei zur Abwehr, eine im Mittelfeld und eine für den Angriff. Der Ball wird seitlich durch ein Loch ins Spiel gebracht. Um den Ball zu spielen, dreht der Spieler die jeweiligen Stangen. Unterhaltsamer Kneipensport, auch für Fußkranke geeignet.

2
Die Beteiligten

Die Mannschaft

Eine Mannschaft hat 11 Spieler, die das Spiel beginnen, darunter einen Torwart (übrigens der einzige Spieler, der in seinem Strafraum den Ball mit der Hand berühren darf). Die restlichen Spieler müssen auf der Reservebank am Spielfeldrand Platz nehmen und darauf hoffen, als einer von maximal drei möglichen Spielern im Verlauf der Partie vom Trainer eingewechselt zu werden.

Die Stammspieler
(Die Begabten)

Tätigkeitsbeschreibung: 11 Spieler, die zur Stammformation eines Teams gehören. Schießen viele Tore und verhindern, dass der Gegner welche schießt (falls nicht, sind sie die längste Zeit Stammspieler gewesen). Treten in einheitlicher Mannschaftsmontur auf mit einer Glückszahl auf dem Trikot. Sagen in Interviews nach dem Spiel je nach Ausgang der Partie wahlweise »Wir haben die Zweikämpfe nicht angenommen« (Niederlage) oder »Wir waren aggressiv und haben den Gegner früh gestört« (Sieg).

Kommt ein Trainer zu dem Schluss, dass ein Stammspieler

- ⚽ schlecht spielt, einfach weil er wie ein Vollidiot rumläuft,
- ⚽ schlecht spielt, weil er am Abend zuvor abgestürzt ist und Mühe hat, wach zu bleiben,
- ⚽ nicht weiter vonnöten ist im laufenden Spiel, weil die eigene Mannschaft mit komfortablem Vorsprung führt und er ihn für ein wichtiges kommendes Spiel schonen möchte,
- ⚽ keine Tore schießt, wenn er Tore schießen sollte (rein taktisch),
- ⚽ den Gegner zu viele Tore schießen lässt (rein taktisch),

dann holt er diesen Spieler vom Feld und ersetzt ihn durch einen Reservespieler.

Die Ersatzspieler
(Die Reservisten)

Sitzen zusammen mit dem Trainergespann und den medizinischen Betreuern des Teams auf der Bank am Spielfeldrand und beobachten argwöhnisch die Aktivitäten ihrer Mannschaftskameraden auf dem Feld. Immer den Trainer im Blick, in der Hoffnung, dessen Wahl fällt auf sie und sie kommen zum Einsatz. Schleimen sich entweder in Interviews ein, indem sie betonen: »Ich spiele da, wo mich der Trainer hinstellt«, was so viel heißt wie: Egal, was für eine bescheuerte Position ich spielen muss, bitte, bitte lieber Trainer, lass mich spielen.

Oder sind stinkbeleidigt, beschweren sich lauthals in den Medien über ihr ungerechtes Reservistendasein und verlangen die sofortige Freigabe für einen Vereinswechsel (diese Spieler haben in der Regel einen brasilianischen Pass).

Das Trainerteam

Der Cheftrainer
(auch »Fußballlehrer« oder »Übungsleiter« genannt)

Der Trainer ist wahlweise Kettenraucher, Alkoholiker oder strenger Asket. Bevorzugt nervös, mit Bluthochdruck ausgestattet und gerne abergläubisch.

Weiß genau, dass er bald seinen Job verliert, wenn sein Präsident sich öffentlich »zu hundert Prozent hinter den Trainer stellt«.

Denn der Cheftrainer ist der Erste, der in einer erfolglosen Phase gefeuert wird. Er verdient aber trotzdem kein Mitleid, weil er (a) eine gute Abfindung kassiert und (b) anschließend bei Spielen auf der Tribüne sitzt und nur darauf wartet, dass ein anderer Trainer verliert, gefeuert wird und er dafür engagiert wird.

Ansonsten ist der Trainer für die Vorbereitung und taktische Einstellung der Mannschaft verantwortlich.

Der Assistenztrainer
(auch »Co-Trainer« genannt)

Wichtigste Eigenschaft des Assistenztrainers ist seine uneingeschränkte Solidarität zum Cheftrainer – zumindest so lange, bis der gefeuert wird und sich die Chance auf dessen Posten bietet.

Ansonsten ist der Co-Trainer für die täglichen Übungseinheiten und das Ausspionieren des nächsten Gegners zuständig.

Das Schiedsrichtergespann

Der Schiedsrichter
(kurz »Schiri« genannt)

Der »Unparteiische« trägt nicht mehr nur seine früher obligatorische schwarze Einheitskluft, sondern läuft inzwischen auch in gelbem, grünem oder rotem Oberteil über das Feld – was wir Frauen natürlich durchaus begrüßen. Trotzdem ist ihm der Begriff »Mann in Schwarz« geblieben.

Tätigkeitsbeschreibung:
⚽ Vollstreckt die Spielregeln mit Hilfe zweier

Männer in Schwarz, den Linienrichtern (oder Schiedsrichterassistenten, um politisch korrekt zu sein), die am Spielfeldrand hoch und runter laufen und mit ihren Fahnen Fouls anzeigen (siehe Schaubilder S. 24).

⊕ Läuft das Spielfeld hoch und runter, pfeift mit einer Trillerpfeife und fuchtelt mit den Armen herum (wobei jede Armstellung für die Spieler eine bestimmte Bedeutung hat, siehe unten).

⊕ Kritzelt zwanghaft in einem kleinen Notizbuch herum.

⊕ Trifft häufig widersprüchliche Entscheidungen, sieht Fouls, die keine sind, und übersieht tatsächliche Fouls.

Anmerkung – die Schiedsrichterentscheidung ist unglücklicherweise in vielen Fällen unwiderruflich.

Die Schiedsrichterassistenten
(früher offiziell und heute noch immer gerne »Linienrichter« genannt)

Von ihnen gibt es gleich zwei, schließlich gibt es auch zwei lange Seitenauslinien.

Tätigkeitsbeschreibung:
- ✪ Läuft wie ein Verrückter am Spielfeldrand hoch und runter.
- ✪ Assistiert dem Schiedsrichter durch Cheerleader-ähnliches Fähnchenschwingen, das anzeigen soll: Ball im Aus, Auswechslung, Abseits oder Foul.
- ✪ Wünscht sich insgeheim, Schiedsrichter zu sein, und ist heilfroh, mit dem Job des vierten Offiziellen nichts zu tun zu haben.

Der Vierte Offizielle
(der lässigste Job)

Ein Typ, der in Spielfeldnähe herumsteht, einen wichtigen Eindruck macht, aber offensichtlich so gut wie nichts zu tun hat.

Tätigkeitsbeschreibung:
- ✪ Händigt dem Schiedsrichter zu Spielbeginn eine Liste mit den Ersatzspielern aus.
- ✪ Überprüft die Bälle und anderes Spielgerät.
- ✪ Hält Tafeln mit Spielernummern hoch, um anzuzeigen, wer ein- und ausgewechselt wird.
- ✪ Zeigt bei internationalen Spielen mit seinem elektronischen Täfelchen die Nachspielzeit am Ende einer Halbzeit an.

⊛ Versucht, die Linienrichter nach strittigen Schiedsrichterentscheidungen vor wild gewordenen Trainern zu retten.

Die Zeichen des Schiedsrichtergespanns

Schiedsrichter

Indirekter Freißstoß   Vorteil   Freistoß

Gelbe bzw. rote Karte

Schiedsrichterassistent

Auswechslung   Abseits   Einwurf

Abseits   Abseits   Abseits

Die Fans

Bei den Fußballfans muss man klar unterscheiden zwischen den wahren Anhängern und den Idioten.

Die wahren Anhänger

Tätigkeitsbeschreibung:

- ✪ Tun alles für eine Eintrittskarte. Stehen am Spieltag sogar im strömenden Regen herum und hoffen vergeblich, dass jemand noch eine zu verkaufen hat, die nicht gerade einen halben Wochenlohn kostet.
- ✪ Sind nur noch Eintrittskarten zum Preis eines halben Wochenlohns zu haben, werden diese trotzdem gekauft, und später erzählt man der Familie und Freunden eine Räuberpistole.
- ✪ Schwimmen/fliegen/fahren weite Entfernungen, um Auswärtsspiele ihres Teams verfolgen zu können.
- ✪ Nehmen gelegentlich, wenn die finanzielle Situation nicht ganz so angespannt ist (nur selten), die ganze Familie mit, einschließlich Kleinkinder, weshalb einige Vereine inzwischen Kinderkrippen haben.

- ✪ Bemalen sich dann und wann das Gesicht in den Vereinsfarben ihrer Mannschaft und zeigen sich mit albernen überdimensionalen Hüten und im Team-Look, um das Erscheinungsbild abzurunden.
- ✪ Verfügen über ein beneidenswertes Talent, Toilettenbesuche während eines Spiels so zu timen, dass ihnen keine wichtige Spielszene entgeht.
- ✪ Dienen ihren Lieblingsvereinen als sichere Geldquelle, indem sie nicht nur Dauerkarten kaufen, sondern auch jedes neue Trikot bzw. jeden Merchandisingartikel (Vereinsbettwäsche etc.) für teures Geld erwerben.

Anmerkung: Die Armbewegungen der Fans während des Spiels folgen einem bestimmten Muster. Bleiben die Arme verschränkt, so handelt es sich in der Regel um die entspannte Grundhaltung. Ist aber auch in vielen Fällen ein Zeichen dafür, dass die eigene Mannschaft nicht besonders gut spielt.

Sieht es so aus, dass das eigene Team kurz vor einem Torerfolg steht, dann ist die Haltung »Hände nach oben bei verhaltenem Jubel« angesagt. Schießt die eigene Mannschaft schließlich ein Tor, werden die Arme in voller Jubelpose nach oben gereckt, geballte Fäus-

te fliegen durch die Luft, und Freudenge-
schrei sowie brüllendes Gelächter sind zu hören. Sollte der Torschuss jedoch sein Ziel ver-
fehlen, sinken die halb ausgestreckten Arme
leicht nach unten, die Hände auf dem Kopf,
die Ellbogen nach außen, und ein lautes
Stöhnen ist die Regel, gefolgt von freundli-
chem Applaus, sofern dieser verdient ist.

Die Idioten

Tätigkeitsbeschreibung:
- ⊕ Gehen vor einem Spiel in ihre Stammknei-
  pe und trinken etliche Biere und möglicher-
  weise ein paar Kurze.
- ⊕ Verwetten im Internet-Wettbüro ganze
  Monatslöhne auf einen Sieg der eigenen
  Mannschaft (die seit elf Spielen auf einen
  Heimsieg wartet).
- ⊕ Machen einen Zwischenstopp in einer nahe
  liegenden Kneipe und gönnen sich Frika-
  dellen, Pommes frites und Schokoriegel (die
  wahrscheinlich auch noch frittiert sind).
- ⊕ Kaum im Stadion, greifen sie zum Handy,
  um herauszufinden, wo die Randale nach
  dem Spiel stattfindet. Auf Englisch: Hooli-
  gans.
- ⊕ Stoßen während des gesamten Spiels laut-

stark Obszönitäten aus in Richtung Schiedsrichter, Gegner (Fans und Spieler), eigener Mannschaft und Kumpels.

- ⊕ In der Halbzeit tanken sie auf mit einem schnellen Bierchen, um dem drohenden Kater vorzubeugen.
- ⊕ Haben die unheimliche Gabe, zehn Minuten nach Beginn der zweiten Halbzeit zurückzukommen und auf dem Weg zu ihrem Sitzplatz jeden zu nerven und den Leuten die Sicht zu versperren.
- ⊕ Stehen auf ihrem Sitz, schwingen ihr Fußballtrikot wie ein Lasso und trotzen mit blankem Oberkörper Temperaturen von fünf Grad Celsius und darunter.
- ⊕ Stoßen weitere Obszönitäten aus und unternehmen mehrere (vergebliche) Versuche, eine »La Ola« zu starten.
- ⊕ Wachen wieder einmal in Polizeigewahrsam auf, nachdem sie bei der Randale nach dem Spiel festgenommen wurden, und haben nicht den blassesten Schimmer, wo sie sich befinden und was sich in den vergangenen 24 Stunden abgespielt hat.
- ⊕ Erzählen dann zu Hause ihrer Frau, sie hätten bei einem Kumpel übernachtet und müssten dort wohl den Geldbeutel vergessen haben (das alles mit verschwommener

Erinnerung an die Niederlage der eigenen Mannschaft und dem daraus resultierenden Desaster im Wettbüro).

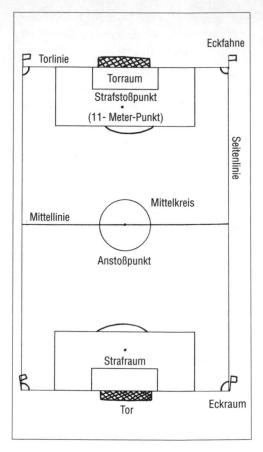

Das Fußballfeld

3

Die Ausrüstung

Das Fußballfeld
(Der Spielplatz für Fußballer)

Hier also das Fußballfeld mit seinen Linien
und Begrenzungen. Obwohl weltweit so gut
wie alles in metrischen Maßeinheiten erfasst
wird, wurden die Maße von Fußballfeldern in
Zollgrößen angegeben. Daher kommen auch
so komische Zahlen wie z. B. der Radius von 9
Meter 15 zu Stande, den der Kreis um den An-
stoßpunkt haben muss. (siehe Abbildung links)

Das Tor

Das Tor steht in der Mitte der Torlinie und hat
seitlich zwei Pfosten und oben die Querlatte.
Ein Tor ist 7,32 Meter breit und 2,44 Meter
hoch. Eigentlich groß genug für unsere Stürmer,
um den Ball darin unterzubringen, eigentlich.

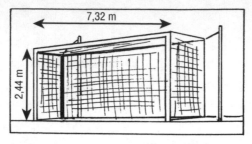

Das Tor

Der Ball

Er ist kugelförmig und aus wasserdichtem Material (anders als die Bälle von früher, die im Laufe des Spiels durch das Gewicht des Regenwassers immer schwerer wurden). Jugendmannschaften spielen mit einem kleineren Ball, damit sie beim Kopfball nicht geköpft werden.

Die Ausstattung der Spieler

- ⚽ streitbare Frisur (gerne mit Gel)
- ⚽ kurze Hosen (die im Laufe der Jahre leider immer weiter geschnitten wurden)
- ⚽ Fußballschuhe
- ⚽ Handschuhe (in der kalten Jahreszeit)

- ✪ Schienbeinschützer (so harte Dinger zum Schutz des Schienbeins)
- ✪ Mannschaftstrikot (mit Glückszahl auf dem Rücken, Fußballer sind sehr abergläubisch)
- ✪ Trainingsanzug plus Adiletten
- ✪ Armani-Anzug
- ✪ Sporttasche
- ✪ Frau/Freundin (stark geschminkte Blondinen bevorzugt)
- ✪ Kinder

Die Ausstattung der Fans

Im Winter:
- ✪ warme Handschuhe
- ✪ warme Strumpfhosen/Socken
- ✪ Jeans
- ✪ Pullover (vorzugsweise in Vereinsfarben)
- ✪ Schal
- ✪ Labello
- ✪ Regenkombi
- ✪ Handy
- ✪ bequeme Schuhe (ohne Absätze, es kann furchtbar matschig da draußen werden)
- ✪ Kaugummi
- ✪ das Fußballbuch für Frauen (ausführlich wiederholt am Abend zuvor)

Im Sommer – wenn das Wetter mitspielt – tauscht der Fan die warmen Klamotten gegen etwas Knappes und Leichtes, das reißfest ist, falls sie schnell aufstehen müssen, um zu applaudieren oder jemandem (in der Regel dem Schiri) Obszönitäten an den Kopf zu werfen. Der Klassiker: die ärmellose Jeansjacke, an den Schultern ausgefranst und mit eingesticktem Vereinsemblem auf dem Rücken. Wird wie eine Lederhose niemals gewaschen und duftet daher gerne nach Bier, Senf und Würstchen – lecker!

4

Die Regeln

Die Spieldauer

Das Spiel besteht aus zwei Hälften von jeweils
45 Minuten.

Halbzeitpause

15-minütige Pause zwischen den beiden Halbzeiten. In der Kabine gibt es Getränke, Lob
oder Tadel und taktische Anweisungen des
Trainers für die zweite Halbzeit.

Anmerkung: Fußballkommentatoren, die witzig
sein wollen, machen daraus gerne eine Tea-
Time. Dann »lädt der Trainer seine Spieler
zum Pausentee«.

Anstoß

Zunächst heißt es »Kopf oder Zahl«, und der
Gewinner entscheidet, in welche Richtung

seine Mannschaft zuerst stürmt (er wählt also das Tor aus, in das seine Mannschaft in der ersten Halbzeit treffen soll). Die andere Mannschaft hat Anstoß und beginnt das Spiel. Den Anstoß zur zweiten Halbzeit darf dann wiederum die Mannschaft ausführen, die das Losen gewonnen hat.

Verletzungsbedingte Pausen

Sollte während des Spiels Zeit verloren gegangen sein, weil ein verletzter Spieler behandelt oder ausgewechselt werden musste, so wird diese Zeit am Ende einer Halbzeit nachgespielt.

Verlängerung

In manchen Wettbewerben (z. B. Pokalspielen) muss eine Mannschaft als Sieger den Platz verlassen. Steht es nach Ablauf der regulären Spielzeit unentschieden (gleiche Anzahl von Toren), so spielen die Mannschaften nach einer kurzen Pause weitere zwei Halbzeiten von jeweils 15 Minuten. In anderen Wettbewerben, z. B. bei Weltmeisterschaften, geht die Mannschaft als Sieger vom Platz, die in der Verlängerung zuerst ein Tor erzielt – das so genannte »Golden Goal«. Steht es nach Ablauf der Verlängerung immer noch unentschieden, kommt es zwischen den beiden Teams zum Elfmeterschießen.

Endet dagegen ein Spiel in der K.O.-Runde bei UEFA-Wettbewerben nach 90 Minuten unentschieden, wird nach dem »Silver Goal System« eine 15-minütige Verlängerung angehängt. Jene Mannschaft, die nach diesen 15 Zusatzminuten in Führung liegt, hat das Spiel gewonnen. Steht die Partie auch nach 105 Minuten unentschieden, folgt nochmals eine 15-minütige Verlängerung. Sollte auch nach dieser Zusatzzeit kein Sieger feststehen, kommt es zum Elfmeterschießen.

Somit liegt der Unterschied zwischen Silver und Golden Goal darin, dass ein Golden Goal das Spiel sofort beendet, während nach einem Silver Goal die zurückliegende Mannschaft noch bis zum Ende der jeweiligen Verlängerungshälfte Zeit hat, den Rückstand aufzuholen.

Anmerkung: Der europäische Fußballverband UEFA und der Weltverband FIFA sind wie Hund und Katze. Was ein Verband beschließt, wird zum Politikum und vom anderen am liebsten ignoriert. Deshalb wird es auch in absehbarer Zeit keine einheitlichen Regeln geben. Männer eben!

Schlusspfiff

Der Pfiff des Schiedsrichters am Ende des Spiels, der die Begegnung offiziell beendet. Danach gratulieren die Sieger höflich den Schiris, während Spieler, Trainer und Manager des Verlierers denselben auf den Leib rücken, um ihnen mit derben Worten klar zu machen, wer an ihrer Niederlage schuld ist.

Der Spielbeginn
(Los geht's)

Das Spielsystem

In der Regel beginnen die Mannschaften das Spiel mit einer klassischen Spielformation. Diese werden z. B. 4-4-2, 4-3-3 oder 3-5-2-System genannt. Damit wird die Aufteilung der Feldspieler auf dem Spielfeld bezeichnet. Der Torwart kommt natürlich noch dazu.

Es gibt drei grobe Einteilungen bei den Feldspielern:

✪ Die Abwehrspieler: sind in der Nähe des eigenen Tores positioniert und sollen hauptsächlich Gegentore verhindern. In der Regel sind das die gut gebauten großen Jungs mit dem männlich finsteren Blick – kernig.

✪ Die Mittelfeldspieler organisieren das eigene Spiel und unterstützen sowohl die Abwehr, als auch den Angriff. Den defensiven Mittelfeldspieler, die laufstarke Arbeitsbiene, erkennen Sie am völlig verdreckten Trikot und der derangierten Frisur, während der offensive Mittelfeldspieler, der Kreative, auch nach dem Spiel noch adrett anzusehen ist.

✪ Die Angreifer (oder Stürmer) sollen vor dem gegnerischen Tor für die Treffer sorgen. Sie lassen sich von den Mitspielern die Drecksarbeit abnehmen, jammern und gestikulieren trotzdem ständig und bewegen sich hauptsächlich beim Jubel nach einem selbst erzielten Tor. Die besonders extrovertierten Diven unter ihnen versuchen sich zudem mit bunten Fußballschuhen vom mitspielenden Fußvolk abzusetzen.

Bei den Spielsystemen steht somit die erste Zahl für die Abwehrspieler, die zweite für die Mittelfeldspieler und die dritte für die Angreifer.

Und so sehen – sehr vereinfacht – die beiden klassischen Spielsysteme aus:

3-5-2-System

```
                T
        A 1    A 2    A 3
                M 1
M 2            M 3            M 4
                M 5
        S 1            S 2
```

4-4-2-System

```
                T
A 1    A 2            A 3    A 4
M 1    M 2            M 3    M 4
        S 1            S 2
```

(T = Torwart, A 1, 2, 3 = Abwehrspieler, M 1–
5 = Mittelfeldspieler, S 1 + 2 = Stürmer)

So könnte z. B. ein 4-4-2-System bei Bayern
München aussehen:

```
        Kahn
Sagnol  Kovac   Linke   Rau
        Jeremies
                Ballack
Deisler                 Zé Roberto
        Pizzaro
                Makaay
```

Dabei bilden also Sagnol, Kovac, Linke und Rau die Abwehr, Deisler, Jeremies, Ballack und Zé Roberto das Mittelfeld und Pizzaro mit Makaay den Angriff. (Na, wenn das mal keine Erfolgsformation ist!)

Das Tooor
(Ziel aller Bemühungen)

Ein Tor zählt nur dann als solches, wenn der Ball in vollem Umfang die Torlinie überschritten hat. (Darf also die Torlinie weder berühren noch unter sich haben).

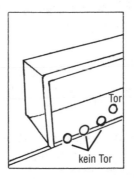

Hattrick
Ein Spieler erzielt in einer Halbzeit drei Tore hintereinander, ohne dass ein anderer Spieler dazwischen ein Tor schießt.

Eigentor
Wenn ein Spieler seinen eigenen Torwart überwindet und einen Treffer in das eigene Tor erzielt, also in das Tor, in das er nicht treffen sollte!

Unentschieden
Gleiche Anzahl erzielter Tore in einem Spiel. Unbefriedigendes Resultat – schließlich will der Fußballfan Sieger bejubeln oder Verlierer mit Hohngesängen überziehen.

Torloses Unentschieden
Null zu null – das unerfreulichste aller Ergebnisse, speziell für torhungrige Stadionbesucher und Fußballberichterstatter.

Anmerkung: Die gastgebende Mannschaft ist immer daran zu erkennen, dass sie beim Spielstand auf der Anzeigentafel zuerst genannt wird, also etwa Mönchengladbach – Dortmund 2:0 bedeutet hier zu Lande, dass das Spiel in Mönchengladbach stattfand. Ausnahme: USA.

Fouls und unsportliches Verhalten

Wenn Sie jemals 22 vor Testosteron strotzende Männer mit einem Adrenalinspiegel am Anschlag auf einem Spielfeld gesehen haben, die eineinhalb Stunden gegeneinander spielten, ohne sich zu foulen, dann haben Sie vermutlich kein Fußballspiel verfolgt, wie wir es kennen, sondern irgendeine merkwürdige nordische Variante auf Eurosport um drei Uhr morgens.

Verstößt ein Spieler gegen die Spielregeln, bekommt der Gegner einen Freistoß zugesprochen.

Es gibt zwei Arten von Freistößen, direkte und indirekte. Man kann mit einem indirekten Freistoß kein direktes Tor erzielen, da der Ball zuerst von einem anderen Spieler berührt werden muss, damit das Tor zählt.

Direkte Freistöße werden in der Regel für schwer wiegendere und rüdere Regelverstöße gegeben, wie zum Beispiel nach einem Fußtritt gegen einen Gegenspieler, indirekte Freistöße für harmlosere Regelverstöße, wenn z. B. ein Spieler im Zweikampf versucht, in Ballbesitz zu gelangen, und dabei seinen Gegenspieler zu Fall bringt.

Ein Freistoß wird folgendermaßen ausgeführt:

⊕ Ein Spieler legt den Ball an die Stelle, wo es zu dem Regelverstoß kam.

⊕ Alle gegnerischen Spieler müssen mindestens 9,15 Meter vom Ball entfernt sein. Es sei denn, die angreifende Mannschaft sieht einen Vorteil darin, einfach »weiterzuspielen«, und führt den Freistoß sofort aus. In diesem Fall spricht man von der »Vorteilsregel«.

⊕ Ein schwer wiegendes Foul innerhalb des Strafraums wird mit einem Elfmeter geahndet. Dabei wird der Ball auf den Elfmeterpunkt gelegt, und der Schütze sieht sich lediglich dem Torhüter gegenüber. Alle anderen Spieler beider Mannschaften müssen sich außerhalb des Strafraums befinden.

Freistöße und Eckbälle werden auch als ruhende Bälle bezeichnet. Der König des ruhenden Balls ist Englands schillernder Star David Beckham. Dessen Freistöße sind weltweit gefürchtet. Er hat außergewöhnliche Fähigkeiten, kann Tore schießen und tolle Flanken schlagen, also den Ball aus großer Entfernung in die Nähe des gegnerischen Elfmeterpunktes spielen und damit einem Mannschaftskameraden eine Riesentorchance eröffnen. Standardsituationen werden routinemäßig einstudiert. Dadurch wissen die Spieler genau, über welche Stationen sie einen Ball zu spielen haben.

Gelbe Karte – Verwarnung
(Wenn Männer sich danebenbenehmen)

Lässt sich ein Spieler etwas zu Schulden kommen in Form von echt unfeinem Verhalten, so erhält er eine »Verwarnung«, d. h. der Schiri kritzelt das Delikt in sein Notizbuch und zeigt dem Spieler eine gelbe Karte.

Spieler erhalten eine gelbe Karte für Delikte wie etwa:
- ✪ Heftiges, aber noch nicht platzverweisreifes Foul. Der Sünder darf auf Bewährung weiterspielen.
- ✪ Lautstarken oder handfesten Widerspruch. Das Foul des Spielers war vielleicht gar nicht verwarnungswürdig, wohl aber seine Reaktion dem Schiedsrichter oder einem anderen Spieler gegenüber.
- ✪ Permanente Regelverstöße.
- ✪ Sich aufführen wie ein Vollidiot, z. B. so tun, als sei er gefoult worden, sich dabei auf dem Boden wälzen und sich das Knie halten, ob-

wohl es sonnenklar ist, dass minutenlang kein anderer Spieler auch nur in seiner Nähe war.

Anmerkung: Sollte der Fan neben Ihnen im Stadion wild gestikulierend »Schwalbe« schreien, bitte nicht in die Luft schauen und nach Federvieh Ausschau halten oder womöglich den Nachbarn nach selbigem fragen. Denn als Schwalbe wird im Fußball eine der unsportlichsten Aktionen bezeichnet, die ein Stürmer begehen kann: der BETRUG! Ein Angreifer lässt sich im Strafraum theatralisch fallen, täuscht damit ein Foul seines Gegenspielers vor und versucht so, einen Elfmeter zu schinden. Ein guter Schiedsrichter erkennt den Mistkerl und schenkt ihm das, was ihm auch von den Regeln her gebührt: eine gelbe Karte. Und bei den gegnerischen Fans ist er für den Rest des Spiels der Buhmann.

Rote Karte – Platzverweis
(Wenn Männer sich wirklich
danebenbenehmen)

Ein Spieler erhält eine rote Karte, wenn er:
- ⚽ ein böses Foul begeht
- ⚽ auf dem Platz handgreiflich wird

- ✹ mit unfairen Mitteln dem Gegner eine offensichtliche Torchance zunichte macht
- ✹ verschiedene andere Delikte begeht, wie z. B. spucken, treten, Kopfstöße austeilen oder – Gott bewahre – einen Gegenspieler oder sogar einen Mannschaftskameraden in übelster Weise beschimpft. Wenn Sie sich einmal die Mühe machen, bei den Spielern von den Lippen abzulesen, dann werden Sie feststellen, dass der Schiedsrichter dies in den meisten Fällen ungeahndet lässt. Sonst würde der Schiri über weite Strecken des Spiels mutterseelenallein in der Nähe der Mittellinie herumsitzen und auf einem verwaisten Spielfeld aus seinem Notizbuch Papierflieger bauen.
- ✹ eine zweite »Verwarnung« im selben Spiel kassiert. Dann spricht man von einer gelbroten Karte nach der einfachen Formel:
  2 x gelb = tschüss!
  Und eine automatische Sperre für das nächste Ligaspiel ist inklusive.

Anmerkung: Eine rote Karte zieht nicht nur automatisch einen Platzverweis nach sich, sondern bedeutet für den betroffenen Spieler (vor allem, wenn er von der Auswärtsmannschaft ist) ein Spießrutenlaufen auf dem Weg in die

Kabine. Außerdem kann er mit einer Sperre
für mehrere Spiele rechnen.

Die Abseitsregel
(Nichts leichter als das)

Relativitätstheorie, Entfernung der Erde zur
Sonne, PS-Stärke eines Ferrari F 50 oder wie
man es anstellen muss, um bei seiner Lieb-
lings-Airline mit einem Economy-Ticket erste
Klasse zu fliegen – alles kein Problem. Aber
die Abseitsregel???

Lesen Sie weiter, um das Geheimnis des hei-
ligen Fußballgrals zu lüften.

»Ein Spieler befindet sich in einer Abseitsposition, wenn er sich nach Ansicht des Schiedsrichters oder eines seiner Assistenten im Moment des Zuspiels näher an der gegnerischen Torlinie befindet als der Ball und der vorletzte gegnerische Spieler.« (siehe Abbildung links)

Es liegt jedoch keine Abseitsposition vor, wenn der Spieler

✪ sich in seiner eigenen Spielhälfte befindet.
✪ sich auf gleicher Höhe mit dem vorletzten gegnerischen Spieler befindet.

⊛ nach einem Einwurf, Eckball oder Abstoß direkt in Ballbesitz kommt.

⊛ sich passiv verhält und sich damit keinen Vorteil aus seiner Position verschafft (nicht aktiv ins Spiel eingreift, verletzt am Boden

liegt oder niemanden behindert). Dann spricht man von »passivem Abseits«.

Anmerkung: Das war die Theorie. Die Praxis dagegen ist einfach und in einer alten Fußballerweisheit verankert: »Abseits ist, wenn der Schiri pfeift!« Proteste der Spieler gegen eine Abseitsentscheidung sind ebenso selbstverständlich wie sinnlos.

Elfmeterschießen
(oder »Englands Albtraum«)

Steht ein Spiel nach der Verlängerung immer noch unentschieden, so muss das Elfmeterschießen für die Entscheidung sorgen.

Die beiden Mannschaften schießen abwechselnd jeweils fünf Mal vom Elfmeterpunkt aus, um den Sieger des Spiels zu ermitteln.

⊛ Ein Spieler einer Mannschaft legt den Ball auf den Elfmeterpunkt. Alle anderen am Elfmeterschießen beiteiligten Spieler bis auf den gegnerischen Torhüter, der jetzt im Tor steht, halten sich im Mittelkreis auf.
⊛ Der Schütze versucht nun, den Ball mit seinem Schuss ins Tornetz zu befördern.

- ✪ Dann geht der Torwart aus dem Team des Schützen von eben ins Tor und ein gegnerischer Spieler tritt zum Elfmeter an.
- ✪ Nach diesem Muster treten im weiteren Verlauf jeweils unterschiedliche Spieler gegen einen der beiden Torhüter an.
- ✪ Steht es nach jeweils fünf Elfmeterschützen aus jeder Mannschaft immer noch unentschieden, wird das Elfmeterschießen so lange fortgesetzt, bis eine Mannschaft bei gleicher Anzahl an geschossenen Elfmetern ein Tor Vorsprung hat. Diese Mannschaft ist dann der Gewinner des Spiels.

Anmerkung: Sie werden niemals erleben, dass England ein Elfmeterschießen gewinnt – nie.

Wiederaufnahme des Spiels
(zurück aufs Spielfeld mit dem Ball)

Eine Mannschaft bekommt einen Einwurf, Torabschlag oder Eckball zugesprochen, wenn der Ball ins Aus ging, nachdem ihn ein Spieler der gegnerischen Mannschaft zuletzt berührt hatte.

Schießt ein Spieler den Ball über die Seitenlinie, bekommt der Gegner einen EINWURF.

Der einwerfende Spieler muss mit beiden Füßen außerhalb oder auf der Seitenlinie stehen. Der Ball muss mit beiden Händen über den Kopf eingeworfen werden.

Schießt ein Spieler den Ball über die gegnerische Torauslinie, bekommt die gegnerische Mannschaft einen TORABSCHLAG, der innerhalb des Torraums ausgeführt wird.

Schießt ein Spieler den Ball über die eigene Torauslinie, bekommt die gegnerische Mannschaft einen ECKBALL. Dieser Eckball wird im Bereich der Eckfahne ausgeführt.

Auch bei einem Tor wird das Spiel erst unterbrochen, wenn der Ball in vollem Umfang die Torlinie überschritten hat. Ansonsten wird weitergespielt, selbst wenn der Ball die Linie nur um Haaresbreite berührt.

5

Die Wettbewerbe

Nationale Vereinswettbewerbe
Die Bundesliga

Unserer Männer liebstes Kind, kommt sie doch in aller Regelmäßigkeit Wochenende für Wochenende in unsere Wohnzimmer (von den unerträglichen Winter- und Sommerpausen mal abgesehen). Der Samstagnachmittag ist für eingefleischte Fußballfans heilig, werden doch sieben der neun Partien am Samstag um 15:30 Uhr angepfiffen. Also ergeben sich für den Fan drei Möglichkeiten:

Variante 1: Er geht ins Stadion, kauft sich Bratwurst und abgestandenes Bier und feuert sein Team live an. Das haben übrigens in der Saison 2002/2003 exakt 9,764735 Millionen Fans (im Durchschnitt fast 32 000 pro Spiel) so gehalten und der Bundesliga damit einen neuen Zuschauerrekord beschert.

Variante 2: Live dabei und doch zu Hause –

das geht dank eines Pay-TV-Abos bei Premiere. Statt Bratwurst gibt's dann eben Pizza vom Heimservice (und das Bier ist immer gekühlt).

Variante 3: Den Nachmittag anderweitig verbringen und sich später ab 18:10 Uhr gepflegt bei der ARD-Sportschau die Spielberichte anschauen. Ein Tipp dazu: Um sich die Spannung zu erhalten, ist es unerlässlich, nachmittags jeglichen Kontakt mit Quellen zu vermeiden, die Zwischen- oder gar Endstände verraten könnten. Das können Radios sein oder auch bescheuerte Freunde, die ihre Klappe nicht halten können und damit zwangsläufig Gefahr laufen, zu Ex-Freunden zu werden.

Zwei Partien werden am Sonntag um 17:30 Uhr angepfiffen und beschließen den jeweiligen Spieltag.

Aber was macht die Bundesliga so attraktiv? Hier geht es um ALLES! Tore, Triumphe, Tragödien und Tränen – und um das große Geld! 18 Mannschaften kämpfen mit gut gebauten, verschwitzten Millionären um Meistertitel, Qualifikationen für die Europapokale und gegen den Abstieg in die zweite Liga. Jede Mannschaft trägt jeweils ein Heim- und Auswärtsspiel gegen die 17 übrigen Teams aus. Somit gibt es insgesamt 17 x 2 = 34 Spieltage. Wer danach die meisten Punkte gesammelt hat, ist

Deutscher Meister (und heißt in der Regel Bayern München, aber dazu später mehr).

Eine Übersicht über alle 18 Bundesligisten der Saison 2003/2004 finden Sie auf den Seiten 58–61.

Wie muss ich eine Bundesliga-Tabelle lesen?

Mit der Saison 1995/1996 wurde das heute gültige Punktesystem eingeführt: Für einen Sieg bekommt der Verein drei Punkte, für ein Unentschieden einen Punkt, bei einer Niederlage geht er leer aus.

Die Abschlusstabelle der Saison 2002/2003 und was dahinter steckt sehen Sie auf den Seiten 62 und 63.

Durch die erste Linie sind die Champions-League-Plätze, durch die zweite der Platz für die Qualifikation zur Champions League gekennzeichnet. Durch die dritte Linie sind die UEFA-Cup-Plätze und durch die vierte die Abstiegsplätze markiert.

Aus der Tabelle lässt sich somit herauslesen:

Bayern München ist Meister und damit zusammen mit dem Zweiten Stuttgart direkt für die Champions League qualifiziert. Dortmund als Dritter musste in die Champions League-Qualifikation, scheiterte dort allerdings und

Die 18 Bundesligisten der Saison 2003/2004

Verein	Spitznamen bzw. Synonyme	Stadion	Wichtigste Spieler
FC Bayern München	»die Roten« »der Rekordmeister«	Olympiastadion	Oliver Kahn, Michael Ballack
VfB Stuttgart	»der VfB«	Gottlieb-Daimler-Stadion	Kevin Kuranyi, Zvonimir Soldo
Borussia Dortmund	»der BvB«	Westfalenstadion	Tomáš Rosicky, Christoph Metzelder
Hamburger SV	»der HSV«	AOL-Arena	Sergej Barbarez, Rodolfo Cardoso

Verein	Spitznamen bzw. Synonyme	Stadion	Wichtigste Spieler
Hertha BSC Berlin	»die Hertha«	Olympiastadion	Marcelinho, Fredi Bobic
Werder Bremen	»die Werderaner«	Weserstadion	Johan Micoud, Ailton
FC Schalke 04	»die Knappen«	ʼArena AufSchalke	Frank Rost, Ebbe Sand
VfL Wolfsburg	»die Wölfe«	VolkswagenArena	Andras D'Alessandro, Pablo Thiam
VfL Bochum	»die Unabsteigbarenbären«	Ruhrstadion	Dariusz Wosz, Paul Freier

Verein	Spitznamen bzw. Synonyme	Stadion	Wichtigste Spieler
TSV 1860 München	»die Löwen« »die Sechzger«	Olympiastadion	Benny Lauth, Harald Cerny
Hannover 96	»die 96iger«	AWD-Arena	Jiri Stajner, Thomas Christiansen
Borussia Mönchengladbach	»die Fohlen«	Bökelbergstadion	Arie van Lent Igor Demo
Hansa Rostock	»die Hansa-Kogge«	Ostseestadion	Martin Max, René Rydlewicz
1. FC Kaiserslautern	»die roten Teufel«	Fritz-Walter-Stadion »der Betzenberg«	Miroslav Klose, Ciriaco Sforza

Verein	Spitznamen bzw. Synonyme	Stadion	Wichtigste Spieler
Bayer 04 Leverkusen	»die Werkself« »die Pillenkicker«	BayArena	Lucio, Bernd Schneider
SC Freiburg	»die Breisgau-Brasilianer«	Dreisamstadion	Richard Golz, Zlatan Bajramovic
1. FC Köln	»die Geißböcke«	RheinEnergie-Stadion	Dirk Lottner, Mustafa Dogan
Eintracht Frankfurt	»die Eintracht«	Waldstadion	Andreas Möller, Jens Keller

Die Abschlusstabelle der Saison 2002/2003

Pl. Verein	Sp.	g.	u.	v.	Tore	Diff.	Pkte.
1. Bayern München	34	23	6	5	70:25	45	75
2. VfB Stuttgart	34	17	8	9	53:39	14	59
3. Borussia Dortmund	34	15	13	6	51:27	24	58
4. Hamburger SV	34	15	11	8	46:36	10	56
5. Hertha BSC Berlin	34	16	6	12	52:43	9	54
6. Werder Bremen	34	16	4	14	51:50	1	52
7. FC Schalke 04	34	12	13	9	46:40	6	49
8. VfL Wolfsburg	34	13	7	14	39:42	-3	46
9. VfL Bochum	34	12	9	13	55:56	-1	45

Pl. Verein	Sp.	g.	u.	v.	Tore	Diff.	Pkte.
10. TSV 1860 München	34	12	9	13	44:52	-8	45
11. Hannover 96	34	12	7	15	47:57	-10	43
12. Bor. M'gladbach	34	11	9	14	43:45	-2	42
13. Hansa Rostock	34	11	8	15	35:41	-6	41
14. 1. FC Kaiserslautern	34	10	10	14	40:42	-2	40
15. Bayer Leverkusen	34	11	7	16	47:56	-9	40
16. Arminia Bielefeld	34	8	12	14	35:46	-11	36
17. 1. FC Nürnberg	34	8	6	20	33:60	-27	30
18. Energie Cottbus	34	7	9	18	34:64	-30	30

Pl. = Platz, Sp. = Spiele, g. = gewonnene Spiele, u. = unentschieden, v. = verlorene
Spiele, Tore (erzielte Tore : Gegentore), Diff. = Tordifferenz, Pkte. = Punkte.

durfte nur am weniger lukrativen UEFA-Cup teilnehmen. Ebenso wie die Viert- und Fünftplatzierten Hamburg und Hertha BSC Berlin. Das bittere Los des Abstiegs in die zweite Liga ereilte die drei Tabellenletzten Cottbus, Nürnberg und Bielefeld.

Neben Meistertitel oder Abstieg bietet die Bundesliga noch ein weiteres emotionales Spannungsfeld: die historisch gewachsenen Rivalitäten unter den Vereinen. Dabei handelt es sich meist um so genannte Derbys.

Das einzig verbliebene Stadtderby findet in München zwischen dem FC Bayern und 1860 München statt. Wer bei diesen Spielen genau hinschaut, erkennt bei einigen Spielern entweder den Schaum vor dem Mund oder den irren Blick in den Augen. Und so erstaunt es auch nicht, dass in der Historie des Münchner Stadtderbys neben Toren auch Platzverweise auf Grund rüder Fouls oder derber Verbalattacken zur Tagesordnung gehörten. Das sind herrliche Fußballnachmittage.

Das brisanteste, weil hasserfüllteste Duell ist allerdings das Revierderby zwischen Borussia Dortmund und dem FC Schalke 04. Woher diese Feindschaft rührt, weiß wahrscheinlich kein Mensch. Aber sicher ist für beide Teams: Die Saison kann noch so gut laufen, wenn die Spiele gegen den Erzrivalen verloren werden, dann sind zumindest für die Fans Titel und Tabellenstand völlig egal. Und ein Spieler, der es wagt, von Dortmund zu Schalke oder umgekehrt zu wechseln, fällt in der Sympathieskala der Fans noch hinter Saddam Hussein und Idi Amin. Wie gesagt – es geht hier ja nicht einfach nur um irgendein Spiel. Nein, es geht um Fußball, Männerfußball!

Bundesliga-Rekorde

Die erfolgreichsten Vereine in der Bundesliga

Tja, wie hat es Moderator Oliver Welke beschrieben: »Im Februar ist Karneval, im April Ostern, im Mai holt sich der FC Bayern die Meisterschale ab.«

Stimmt, denn Rekordmeister ist natürlich der FC Bayern München. Von seinen 18 Meistertiteln (1932, 1969, 1972–1974, 1980, 1981, 1985–1987, 1989, 1990, 1994, 1997, 1999–2001, 2003) fällt nur der erste nicht in die Bundesligazeit.

Mit respektvollem Abstand folgt Borussia Mönchengladbach mit fünf Meisterschaften (1970, 1971, 1975–1977) seit Gründung der Bundesliga. Jeweils drei (Bundesliga-)Titel konnten Borussia Dortmund (1995, 1996, 2002), Werder Bremen (1965, 1988, 1993) und der Hamburger SV (1979, 1982, 1983) erringen.

Die Rekordtorjäger

Gerd Müller erzielte für den FC Bayern München in 427 Bundesligaspielen sagenhafte 365 Tore.

Am nächsten kamen ihm Klaus Fischer (FC Schalke 04) mit 268 und Jupp Heynckes (Borussia Mönchengladbach) mit 220 Bundesliga-Treffern.

Das schnellste Bundesligator

Giovane Elber (FC Bayern München) traf am 31. 01. 1998 gegen den Hamburger SV nach exakt 11 Sekunden.

Höchster Bundesligasieg

Am 29. 04. 1978 gewinnt Borussia Mönchengladbach gegen Borussia Dortmund mit unglaublichen 12:0 Toren. Was die Dortmunder damals allerdings spielten, ist bis heute unklar. Fest steht nur: Fußball war das garantiert nicht!

Vom Aufsteiger zum Meister

Eine bis heute einmalige Leistung schaffte der

1. FC Kaiserslautern 1998. Die Pfälzer wurden unter Trainer Otto Rehhagel als Aufsteiger sensationell Deutscher Meister, und die Bonzenklubs aus München, Dortmund und Leverkusen waren die Deppen!

Vom Meister zum Absteiger

Auch das gab es nur einmal in der Geschichte der Bundesliga. Der 1. FC Nürnberg wurde 1968 Meister und stieg in der darauf folgenden Saison ab. Sachen gibt es.

Der DFB-Pokal

Wenn Sie lange genug bei Fußballfans nachfragen, dann werden Sie sicherlich den Satz hören »Der Pokal hat seine eigenen Gesetze!«. Trotzdem müssen Sie keine neuen Regeln lernen. Höchstens, dass es um so genannte K.O.-Spiele geht, die bei Unentschieden nach der regulären Spielzeit in die Verlängerung und evtl. sogar bis ins Elfmeterschießen gehen. Eben so lange, bis ein Sieger ermittelt wird, der dann in die nächste Runde einziehen darf. Seine eigenen Gesetze hat der Pokal dadurch, dass unterklassige Teams den vermeintlich übermächtigen Großen des Öfteren ein Bein stellen.

Während sich 28 Amateurmannschaften vorab über die Regionalligen bzw. den Verbandspokal qualifizieren müssen, steigen die Erst- und Zweitligisten mit der ersten Hauptrunde ins Geschehen ein. Nach jeder Runde wird neu gelost. Dabei haben die zuerst gezogenen jeder Partie das so erhoffte Heimrecht, es sei denn, ein Amateurverein trifft auf einen Erst- oder Zweitligisten. Dann hat der Amateurverein auf jeden Fall Heimrecht. Diese Regelung sorgt natürlich für zusätzliche Spannung.

Attraktiv ist der Pokal nicht nur als direkte Einnahmequelle, sondern auch als vergleichsweise einfache Art, in den internationalen Wettbewerb zu kommen. Denn ein Bundesligist muss nur sechs Spiele gewinnen, um Pokalsieger zu werden und damit für den UEFA-Pokal qualifiziert zu sein. Und in Ausnahmefällen reicht sogar schon die Finalteilnahme, wie z. B. in der Saison 2002/2003. Der 1. FC Kaiserslautern verlor das Pokalfinale gegen Bayern München mit 1:3, da die Bayern aber als Meister in der Champions League spielen, war Kaiserslautern als Finalist für den UEFA-Cup qualifiziert.

Anmerkung: Sollten Sie eine Fangruppe »Berlin, Berlin, wir fahren nach Berlin« grölen hören, so muss es sich dabei nicht zwingend um eine Truppe kulturinteressierter Anhänger der Stadt Berlin handeln, die gerade ihren Kurzurlaub gebucht hat. Denn das DFB-Pokalfinale wird seit 1985 im Berliner Olympiastadion ausgetragen. Und Fans siegreicher Pokalteams geben ihrer Überzeugung, dass ihr Team das Finale erreicht, gerne mit dem Skandieren ebenjenes Klassikers Ausdruck.

Rekordpokalsieger

Bayern München 11 x DFB-Pokalsieger (1957, 1966, 1967, 1969, 1971, 1982, 1984, 1986, 1998, 2000, 2003)

Internationale Vereinswettbewerbe

Während es früher noch den Europapokal der Pokalsieger gab, gibt es heute mit der Champions League und dem UEFA-Cup nur noch zwei internationale Vereinswettbewerbe.

Die UEFA Champions League

Die europäische Eliteliga hieß bis 1992 Europapokal der Landesmeister und war tatsächlich der Wettbewerb aller Meister eines Landes. In der umgetauften Champions League spielen dagegen auch Zweit- oder sogar Dritt- und Viertplatzierte eines Landes mit, während Meister eines unbedeutenden Fußballlandes sich mit dem UEFA-Cup begnügen müssen. Dabei wird im Sinne eines möglichst starken Teilnehmerfeldes dem Umstand Rechnung getragen, dass der Meisterschaftszweite bzw. -dritte einer starken Liga (wie z. B. der Bundesliga oder der spanischen Liga) weitaus attraktiver und stärker ist, als der Meister eines kleinen Fußballlandes (wie z. B. Luxemburgs oder Zyperns). Dabei geht die UEFA nach einem Bewertungssystem – der UEFA-Koeffizienten-Rangliste – vor, das sich nach den jüngeren Erfolgen eines Landes richtet und regelmäßig aktualisiert wird.

In der Saison 2003/04 wurde wieder einmal ein neuer Modus eingeführt. Die 32 Mannschaften treten in der ersten Phase in acht Gruppen zu vier Mannschaften in Hin- und Rückspielen gegeneinander an. Die Gruppenersten und -zweiten qualifizieren sich für das Achtelfinale der Champions League. Die acht Drittplatzierten nehmen an der dritten Runde des UEFA Cups teil, während die Gruppenletzten ausscheiden. Ab dem Achtelfinale

kommt dann – endlich! – das K.O.-System mit
Hin- und Rückspiel zum Einsatz.

Die erfolgreichsten Vereine in der Champions League

Real Madrid ist mit neun Titeln Rekordgewin-
ner. Dahinter folgt der AC Mailand mit sechs
Erfolgen. Jeweils viermal konnten der FC
Bayern, Ajax Amsterdam und der FC Liverpool die Königsklasse für sich entscheiden.

Deutsche Champions League-Sieger

Bayern München (1974–1976, 2001)
Hamburger SV (1983)
Borussia Dortmund (1997)

Champions League-Sieger 2003 wurde der AC
Mailand, der im rein italienischen Finale Juventus Turin nach tor- und trostlosen 120 Minuten
im Elfmeterschießen mit 3:2 bezwang.

Der UEFA-Cup

Franz Beckenbauer hat den UEFA-Cup einmal
despektierlich als »Cup der Verlierer« bezeichnet – und damit einerseits Recht, andererseits
den Umstand ignoriert, dass der UEFA-Cup
durchaus attraktiv ist. Zwar spielen hier »nur«

die in der Qualifikation gescheiterten Meister, die Pokalsieger, die Ligapokalsieger einiger Länder sowie in der Meisterschaft auf vorderen Rängen platzierte Teams, doch im Vergleich zur mitunter tödlich langweiligen Gruppenphase zu Beginn der Champions League wird der UEFA-Cup in allen sechs Hauptrunden im K.O.-System mit Hin- und Rückspiel ausgetragen. Nur das anschließende Finale wird in einem Spiel entschieden. Und das will der wahre Fußballfan doch sehen – oder etwa nicht!?

Die erfolgreichsten Vereine im UEFA-Cup

Jeweils drei Titel konnten der FC Barcelona, Juventus Turin, Inter Mailand und der FC Liverpool gewinnen.

Deutsche UEFA-Pokalsieger

Borussia Mönchengladbach (1975, 1979)
Eintracht Frankfurt (1980)
Bayer Leverkusen (1988)
FC Bayern München (1996)
FC Schalke 04 (1997)

UEFA-Pokalsieger 2003 wurde der FC Porto mit einem 3:2-Erfolg in der Verlängerung gegen Celtic Glasgow.

Die Nationalmannschaft

Terrorbekämpfung, Arbeitslosigkeit, fehlendes Wirtschaftswachstum – um was soll sich die Politik kümmern? Natürlich zuerst um die Spiele der Nationalmannschaft! Denn die sind in Deutschland ein so hohes Gut, dass dem Bundesbürger ein Grundrecht auf WM/EM-Spiele mit deutscher Beteiligung im frei empfangbaren Fernsehen zugestanden wurde. Die Politik sah sich dazu veranlasst, als der damals noch allmächtige Medien-Mogul Leo Kirch die Rechte an der Fußball-WM 2006 in Deutschland kaufte und eine exklusive Übertragung in dessen Bezahlfernseh-Sender Premiere drohte. Nur so viel zur Bedeutung der Nationalmannschaft in Deutschland!

Ansonsten soll das Nationalteam die besten Spieler mit deutschem Pass vereinen und Ruhm & Ehre für das Vaterland in Form von Welt- und Europameistertiteln erringen.

Trainiert wird die Nationalmannschaft normalerweise vom Bundestrainer. Der muss wie alle Bundesligatrainer auch im Besitz einer gültigen DFB-Trainerlizenz sein. Als Franz Beckenbauer 1984 den Posten ohne Lizenz übernahm, wurde kurzerhand der Titel des Teamchefs erfunden und der Assistent sprachlich zum Bundestrainer befördert. Eine solche Konstellation liegt auch im Moment vor. Seit Juli 2000 ist Rudi Völler Teamchef und bildet mit dem Bundestrainer Michael Skibbe das verantwortliche Trainergespann für die Nationalmannschaft.

Teamchef Rudi Völler – »Tante Käthe«
Seinen Spitznamen »Tante Käthe« hat Völler schon zu aktiven Zeiten seiner früh ergrauten Haarpracht zu verdanken, die gemeinsam mit dem geschmacklich höchst grenzwertigen Schnauzbart über die Jahre weitestgehend konstant geblieben ist. Der Weltklassestürmer feierte seine größten Erfolge 1990 in Italien mit dem Gewinn des Weltmeistertitels sowie 1993 mit Olympique Marseille als Europapokalsieger der Landesmeister. 1983 wurde Völler im Trikot von Werder Bremen Torschützenkönig in der Bundesliga und daraufhin auch zu Deutschlands Fußballer des Jahres gewählt. Seitdem ist seine Beliebtheit auf Grund seiner kumpelhaften und bodenständigen Art ungebrochen – trotz seiner »Mist, Scheiß' und Weizenbier-Rede« nach dem schwachen 1:1 auf Island in der WM-Qualifikation 2003. Damals hatte Völler live im ARD-Studio alle in den Medien aktiven Experten und Kritiker

pauschal und mit indiskutabler Wortwahl niedergemacht und sich seinen Ruf als »Rudi Nationale« fast verdorben. Aber der Kredit, den sich Völler durch die unerwartete Finalteilnahme bei der WM 2002 mit einer vorher als »Rumpelfüßler« abqualifizierten Mannschaft erworben hat, ist für den Trainerneuling nahezu aufgebraucht.

Wichtige Spiele der Nationalmannschaft gehören zu den quotenträchtigsten Fernsehübertragungen und versammeln oft mehr als 10 Millionen Deutsche vor den Fernsehschirmen. Am interessantesten sind dabei Spiele gegen Nationen, mit denen man eine fußballerische und/oder gesellschaftliche Rivalität pflegt. Dann schwingen sich die Emotionen mitunter in ungeahnte Höhen. Achten Sie daher besonders auf folgende Spiele, denn sie sind nicht nur einfach Fußballspiele – es geht um VIEL mehr!

Deutschland vs. Holland

Als die Topspieler aus Holland die Qualifikation für die WM 2002 jämmerlich verspielten, sangen deutsche Fans hämisch: »Ohne Holland fahr'n wir zur WM.« Unser Nachbar seinerseits ist aber auch nicht zimperlich, wenn es gegen Deutschland geht. Unvergessen sind zwei Vorkommnisse, die die gepflegte Antipathie beider Fußballnationen zementierten. Nachdem Holland 1988 bei der EM in Deutschland gegen den Gastgeber das Halbfinale – übrigens völlig verdient – gewonnen hatte, musste der holländische Abwehrhüne Ronald Koeman seiner Genugtuung über den Triumph gegen Deutschland Ausdruck verleihen, indem er sich mit einem deutschen Trikot symbolisch den Hintern abputzte. Ja, so etwas gibt es. Und als 1990 bei der WM in Italien Frank Rijkard »unseren« Ruuudi Völler bespuckte, war die Feindschaft wohl bis ans Ende unserer Tage besiegelt. Dabei ist letztendlich alles so einfach: Holland hatte 1974 unter der Regie des legendären Johann Cruyff die beste Mannschaft, spielte den schönsten Fußball und verlor trotzdem gegen Gastgeber Deutschland das WM-Finale mit 1:2. Auch in der Folgezeit hat Holland immer überragende Spieler hervorgebracht und brillanten Fußball gespielt, aber Deutschland gewann eben die Titel. Das können uns die Holländer bis heute nicht verzeihen. Und uns freut es immer noch. Wie sagte doch der Fußballweise Franz Beckenbauer: »Johann (Cruyff) war der bessere Spieler, aber ich bin Weltmeister.« Das »ÄTSCH« können Sie sich leicht dazu denken.

Jedes Spiel Deutschland gegen Holland wird somit auch noch 30 Jahre danach zur »Revanche für 1974« erhoben. Sind Männer nicht putzig!?

Deutschland vs. England

Sollten Sie fußballbegeisterte Freunde aus England haben und diese auch behalten wollen, so erwähnen Sie niemals das Wort Elfmeterschießen. Es würde Ihre Freunde in tiefste Depressionen stürzen. Denn für Englands Nationalteam ist das Elfmeterschießen zum wahren Albtraum geworden. Noch nie konnten die Briten bei einer WM oder EM eines gewinnen. Und gerade gegen Deutschland mussten sie bittere Niederlagen ertragen. Auf dem Weg zu den letzten beiden deutschen Titelgewinnen (Weltmeister 1990, Europameister 1996) bezwang Deutschland England jeweils im Elfmeterschießen, 1996 sogar auf englischem Rasen.

Aber schon zuvor merkte Englands ehemaliger Stürmerstar Gary Lineker frustriert an:

»Fußball ist ein einfaches Spiel, bei dem 22 Spieler mit dem Ball gegeneinander spielen, und zuletzt gewinnt immer Deutschland.«

Doch eine entscheidende Ausnahme gab es dann doch: das WM-Finale 1966 im legendären Londoner Wembleystadion. England gewinnt gegen Deutschland in der Verlängerung mit 4:2. Und dabei wurde eine Legende geboren: das »Wembley-Tor«. Noch heute krümmen sich bei diesem Wort ältere Fußballfans in Deutschland, als hätte man ihnen damals das Herz aus dem Brustkorb gerissen. Oder schlichtweg den WM-Titel gestohlen! Beim Stande von 2:2, es läuft die 101. Spielminute, schießt der Engländer Geoff Hurst den Ball an die Unterkante der Latte. Der Ball fliegt mit einem Bogen zu Boden und springt aus dem Tor. Seitdem sind ca. zwei Milliarden Fußballdetektive auf der Suche nach der Beantwortung der folgenden Fragen: Hat der Ball beim Aufprall auf den Boden die Torlinie mit vollem Umfang überquert? Oder hat der Ball bereits auf dem Weg von der Latte zum Boden selbiges getan? In beiden Fällen wäre es ein reguläres Tor gewesen. War es aber nicht, wie die intensiven Nachforschungen letztendlich ergaben. Das Tor wurde damals vom Schweizer Schiri gegeben (Sind damals nicht alle diplomatischen Beziehungen zu den Eidgenossen abgebrochen worden?) und hat den Engländern den Weg zu ihrem bisher einzigen WM-Titel geebnet. Und Deutschland in dem Gefühl zurückgelassen, so richtig – sorry – beschissen worden zu sein. Und so ward auch die Partie Deutschland gegen England fortan kein normales Spiel mehr.

Deutschland vs. Österreich

Wenn der große Bruder Deutschland sich aufmachte, um die große Fußballwelt zu erobern, also bei Welt- oder Europameisterschaften die Titel einzuheimsen, saßen die kleinen österreichischen Brüder meist nur neidisch vor dem Fernseher. Daher war der österreichische Triumph bei der WM 1978, der in Deutschland nur als »Schmach von Cordoba« bekannt ist, ein einschneidendes Erlebnis – trotz sportlicher Bedeutungslosigkeit (mehr dazu im Kapitel »Österreichischer Fußball«). In Deutschland wird der österreichische Fußball abfällig belächelt, und die Österreicher wünschen diesen arroganten Deutschen die Pest an den Hals. Ein Stoff, aus dem wahre Fußball-Schlachten sind.

Deutschland vs. Italien

Treffen Deutsche und Italiener aufeinander, dann sprechen die Fußballfans voller Respekt von einem wahren »Fußball-Klassiker«. Doch zwei Dinge können die Deutschen an den Italienern überhaupt nicht ausstehen. Erstens sind sie sehr erfolgreich, denn auch Italien hat drei WM-Titel erobert, und zweitens fielen italienische Teams früher oft durch eine rüde, bis ins Brutale reichende Spielweise auf. Und da war ja noch das legendäre Halbfinale bei der WM 1970 in Mexiko. Bei einem der besten und spannendsten WM-Spiele überhaupt wagten es doch die Italiener, das Spiel in der Verlängerung mit 4:3 für sich zu entscheiden. Ein Wunder, dass danach trotzdem noch italienische Gastarbeiter in Deutschland arbeiten durften. Für uns weibliche Fußballfans sind Spiele gegen italienische Teams eine schwierige Sache, schlagen dabei doch zwei Herzen in unserer Brust. Einerseits möchten wir natürlich Deutschland gewinnen sehen, schließlich ist auch der weibliche Fan Patriot, andererseits zeigt schon der Kameraschwenk entlang der Spieler während der Nationalhymne, was jeder weiß: Italien hat die mit Abstand attraktivsten Fußballer! Maldini, Nesta, Inzaghi oder del Piero – wer kann da noch voller Elan Jeremies, Ramelow, Wörns & Co. anfeuern? Da hilft eigentlich nur ein Unentschieden.

Deutschland vs. Brasilien

Bei dieser Begegnung geht es hauptsächlich um zwei Fragen: Wer ist die erfolgreichste

Fußballnation der Welt? Und ist brasilianischer Zauberfußball erfolgreicher als deutscher Kampfeswille und Disziplin? Nach den beiden WM-Titeln 1994 und 2002 hat sich Brasilien erst einmal ein beruhigendes Polster von fünf gegenüber drei WM-Titeln zulegen können. Schon immer um Längen voraus waren uns die Brasilianer sowohl beim Jubeln der Spieler auf dem Rasen als auch beim Feiern der Fans auf den Rängen. Wobei das eher was für die Jungs ist, schließlich tanzen dabei meist gut aussehende, halb nackte Brasilianerinnen lasziv zu Sambaklängen.

Weltmeisterschaften

Eine Weltmeisterschaft gibt es alle vier Jahre. Die letzte Weltmeisterschaft fand 2002 in Japan und Südkorea statt. Dabei gewann Brasilien seinen fünften Titel mit einem 2:0-Finalerfolg über Deutschland.

17 Weltmeistertitel wurden bisher ausgespielt, aber nur sieben Nationen konnten einen WM-Triumph bejubeln:

⊛ Brasilien (1958, 1962, 1970, 1994, 2002)
⊛ Deutschland (1954, 1974, 1990)
⊛ Italien (1934, 1938, 1982)

✪ Argentinien (1978, 1986)

✪ Uruguay (1930, 1950)

✪ England (1966)

✪ Frankreich (1998)

Die nächste WM findet 2006 in Deutschland statt.

Für die Teilnahme an der Endrunde einer Weltmeisterschaft müssen – bis auf den automatisch qualifizierten Gastgeber – alle Nationen eine Qualifikation bestreiten. Diese wird innerhalb der Kontinente ausgespielt. Jeder Kontinent hat eine unterschiedliche Anzahl an WM-Startplätzen. Also, 2006 ist Deutschland als einziges Team schon fix dabei. Wohl dem, der Gastgeber ist!

Europameisterschaften

Werden auch alle vier Jahre ausgetragen – im Zweijahresrhythmus mit der WM. Die letzte EURO fand 2000 in Holland und Belgien statt. Frankreich holte sich dabei mit einem Finalerfolg über Italien seinen zweiten EM-Titel. Da Europameisterschaften erst seit 1960 stattfinden, gab es bisher erst 11 Titel zu vergeben:

✪ Deutschland (1972, 1980, 1996)

✪ Frankreich (1984, 2000)

- ✪ Dänemark (1992)
- ✪ Niederlande (1988)
- ✪ Tschechien (1976)
- ✪ Italien (1968)
- ✪ Spanien (1964)
- ✪ Russland (1960)

Die nächste EM-Endrunde richtet Portugal aus. Zwischen dem 12. Juni und dem 4. Juli 2004 werden Gastgeber Portugal und die 15 sportlich qualifizierten Endrundenteilnehmer in vier Gruppen zu je vier Teams eingeteilt. Die beiden Gruppenersten jeder Gruppe ziehen ins Viertelfinale ein, von da an geht es im K.O.-System weiter.

Anmerkung: Auf die Frage nach der besten deutschen Nationalmannschaft aller Zeiten gibt es für viele Fans nur eine Antwort: Die Europameisterelf 1972, die nicht nur souverän den Titel holte, sondern auch mit kreativem Offensivfußball begeisterte. Neben dem grandiosen Günter Netzer als ideenreichem Regisseur glänzte wieder einmal die fantastische Torfabrik Gerd Müller. In den vier Endrundenspielen erzielte der »Bomber« fünf der insgesamt acht deutschen Tore und wurde damit auch EM-Torschützenkönig. Unter dem späteren

Weltmeistertrainer Helmut »der Mann mit der Mütze« Schön spielten:

Torhüter
  Sepp Maier
Abwehr
  Franz Beckenbauer
  Paul Breitner
  Horst-Dieter Höttges
  Georg »Schorsch« Schwarzenbeck
Mittelfeld
  Uli Hoeness
  Günter Netzer
  Herbert »Hacki« Wimmer
Angriff
  Jupp Heynckes
  Erwin Kremers
  Gerd Müller

Der italienische Startrainer Giovanni Trapattoni hat das Zusammenspiel einer Fußballmannschaft einmal mit dem eines Orchesters verglichen. Für viele Fußballfans stehen diese Namen immer noch für das beste Fußball-Orchester Deutschlands. Dagegen gleicht das heutige Team manchmal eher einem wild zusammengewürfelten Haufen zweitklassiger Alleinunterhalter.

6

The best of

Die Stars von heute
Deutsche Spieler

In Deutschland steht ein Mann auf Grund seiner jahrelangen Spitzenleistung und eines unbändigen Willens im sportlichen Ansehen weit über allen anderen teutonischen Kickern: Bayern Münchens Torwart **Oliver »Oli« Kahn**, dem man als einzigem Fußballer mit deutschem Pass sorglos das Prädikat Weltklasse ausstellen kann. Viele Experten halten den Kapitän der deutschen Nationalmannschaft für den besten Keeper der Welt. Nach Jahren der hundertprozentigen Konzentration auf den Fußball und lediglich einigen lustigen Ausrastern auf dem Fußballfeld (gegen Gegenspieler ebenso wie gegen Mitspieler) hat Kahn zwischenzeitlich auch das Nachtleben und eine andere Frau als seine eigene entdeckt – und damit die Boulevard-Medien reichhaltig mit

Futter versorgt, und es hat lange gedauert, bis Oli Kahn gemerkt hat, dass es seinem Aussehen nicht schadet, ab und zu mal einen professionellen Frisör an seine ehemals frei wuchernden Haare zu lassen. Für den Fußballfan gilt: Oliver Kahn muss man nicht lieben, aber Respekt vor seinen überragenden sportlichen Leistungen sollte jeder Fan haben – auch wenn er kein Bayern-Anhänger ist.

Aus sportlicher Sicht kommt Oliver Kahn sein Mannschaftskollege **Michael Ballack** am nächsten. Der Spielmacher des FC Bayern München ist auf dem besten Weg zum Weltklassespieler. Der Schönling mit den langen Fußballerbeinen (Sie wissen schon, die mit dem O.) bewegt sich auf dem Fußballfeld so lässig und geschmeidig, dass man leicht übersieht, dass Ballack meistens zu den Spielern mit der größten Laufarbeit gehört. Besonderes Merkmal von Michael Ballack ist seine für einen Mittelfeldspieler erstaunliche Torgefährlichkeit, ob mit den Beinen oder mit dem Kopf. Und seine Mitspieler schätzen ihn zudem als glänzenden Vorbereiter. Also darf der (weibliche) Fußballfan mit Sinn für Ästhetik bei Michael Ballack durchaus ins Schwärmen geraten.

Internationale Spieler

Wer die schillerndsten und besten Fußballer dieses Planeten sehen möchte, der kann sich entweder eine Weltmeisterschaft anschauen. Oder einfach mal ein Training von Real Madrid besuchen. Denn der erfolgreichste Fußballverein der Welt hat ein kostspieliges Hobby: Er kauft für unvorstellbare Summen die besten Spieler ein und hat inzwischen eine Weltauswahl in Madrid versammelt.

Der ganz große Wahnsinn begann im Jahr 2000, als Real den Portugiesen **Luis Figo** (Ablösesumme: 58,2 Millionen Euro) vom FC Barcelona einkaufte. Der offensive Mittelfeldspieler hatte gerade eine überragende Europameisterschaft gespielt und wurde 2001 zum Weltfußballer gewählt. Dieser Ablöserekord sollte aber nur ein Jahr halten. Denn Real gönnte sich 2001 – seinem Anspruch angemessen – auch den Star des damaligen Welt- und Europameisters Frankreich: **Zinedine Zidane** (76 Millionen Euro), der mit dem Ball tanzt. Der Weltfußballer 1998, 2000 und 2003 gilt immer noch als bester aktueller Fußballer auf diesem Planeten. Der geniale Spielmacher ist bis heute zu Recht der teuerste Spieler aller Zeiten. Damit aber noch nicht genug, schließlich hatte Real Madrid den Weltfußballer der Jahre 1996, 1997 und 2002 noch nicht. Deshalb verpflichteten die »Königlichen« 2002 den brasilianischen Stürmerstar **Ronaldo** (45 Millionen Euro) von Inter Mailand. Der WM-Torschützenkönig hatte mit seinen beiden Treffern im WM-Finale 2002 gegen Deutschland seinem Land gerade den fünften WM-Titel beschert.

Neueste Errungenschaft im Zoo der Superstars ist Englands Nationalmannschaftskapitän **David »Becks« Beckham** (35 Millionen Euro), der 2003 von Manchester United ersteigert wurde. Der Mann von »Spice Girl« Victoria soll natürlich auch seine berühmten Flanken und Freistöße zeigen, vor allem aber das Merchandising-Geschäft ankurbeln. Kein Fußballer auf der Welt hat einen größeren Bekanntheitsgrad und eine treuere Fangemeinde als der englische Trendsetter in Sachen Frisur und Klamotten. Was Beckham auf dem Kopf trägt wird Kult. Eben eine schillernde Erscheinung auch und gerade außerhalb des Fußballplatzes. Kaum ein Boulevardmagazin, das nicht ausführlich das Leben der Beckhams dokumentiert. Allein die im Fernsehen live übertragene Präsentation des Neuzugangs hat mehr als 500 Journalisten in Spaniens Hauptstadt gelockt. Die PR-Maschinerie ist in vollem

Gang und soll dafür sorgen, dass allein mit dem Trikotverkauf die horrende Ablösesumme für den Engländer wieder reingeholt wird. Da müssen die vielen asiatischen Beckham-Fans aber kräftig einkaufen – und nicht nur die in Asien so beliebten Billigkopien.

Figo, Zidane, Ronaldo und Beckham – eine Shopping-Tour, die Real Madrid in drei Jahren mal eben schlappe 214 Millionen Euro kostete. Da konnten die alteingesessenen Stars nur ungläubig zuschauen. Denn Real hatte natürlich bereits absolute Superstars in seinen Reihen. Aber für den Brasilianer **Roberto Carlos** musste Real 1996 nahezu lächerliche 3 Millionen Euro an Inter Mailand überweisen. Dabei ist der offensive Außenverteidiger seit Jahren eine feste Größe im Weltfußball. Dem Weltmeister von 2002 wird der härteste Schuss der Welt nachgesagt, was viele Torhüter leidvoll haben erfahren müssen.

Einen Weltklassespieler hat Real sogar zum Nulltarif bekommen: das Madrider Eigengewächs **Raúl**. Mit 17 debütierte der elegante Stürmer im Profiteam und ist seitdem bei Real Madrid nicht mehr wegzudenken. Inzwischen ist der erst 26-Jährige ein spanisches Heiligtum.

Kleiner Tipp für Frauen, die von ihren

Männern als Fußball-Expertinnen ernst genommen werden wollen: Schwärmen Sie vorsichtshalber nur für »Hasenzahn« Ronaldo, Roberto »Popeye« Carlos und Zinedine Zidane mit der Mönchsfrisur. Denn bei Sympathiebekundungen für diese Herren setzen Sie sich nicht dem Verdacht aus, sich eigentlich nur für deren gutes Aussehen zu interessieren. Anders wäre das dagegen bei »Latinlover« Figo, dem süßen Raúl oder David »die Mode-Ikone« Beckham.

Die Legenden

Deutsche Fußball-Legenden

Natürlich werden die Helden von früher vornehmlich mit den drei Weltmeistertiteln 1954, 1974 und 1990 in Verbindung gebracht.

Unvergessen und fest in den Köpfen der Menschen verankert: die Helden von Bern 1954, die mit dem ersten Weltmeistertitel einer ganzen Nation nach dem Zweiten Weltkrieg wieder Selbstvertrauen gaben. Allen voran Kapitän und Regisseur **Fritz Walter** sowie »der Boss« **Helmut Rahn**, der mit seinen beiden Toren den WM-Triumph perfekt machte.

Zwischen dem ersten und zweiten Weltmeistertitel lagen genau zwanzig Jahre, in denen es natürlich auch herausragende Spieler gab, die nie das Glück besaßen, Weltmeister zu werden. Einer ist auf Grund seiner bodenständigen Art nach wie vor ein Idol: **Uwe Seeler**, von der Fußballnation liebevoll »Uns Uwe« genannt, ist einer von vier Ehrenspielführern der Nationalmannschaft und kann auf vier WM-Teilnahmen (1958–1970) zurückblicken. Der nur 1,69 Meter kleine Stürmer vom Hamburger SV steht für die »gute alte Zeit«, als Kameradschaft, Ehrlichkeit und Fairness noch über dem Kommerz standen. Unvergessen ist sein Hinterkopftor bei der WM 1970 gegen England. Ebenso das legendäre Bild, als Seeler, der tapfere Mannschaftskapitän, nach dem verlorenen WM-Finale 1966 gegen England mit hängenden Schultern und tief gesenktem Kopf vom Platz schleicht. Hat man jemals einen traurigeren Menschen gesehen?

Mit der erfolgreichsten Phase des deutschen Fußballs in den 70er Jahren wird vor allem die Bayern-Achse Maier-Beckenbauer-Müller in Verbindung gebracht. Torhüter **Sepp Maier**, die »Katze von Anzing«, hat nicht nur mit seinen Späßen die Mannschaftskollegen bei Laune gehalten, sondern mit seinen spektakulären Paraden die gegnerischen Stürmer zur Verzweiflung gebracht. Libero **Franz Beckenbauer** konnte sich somit beruhigt der Spielkultur und Stürmerstar **Gerd Müller** dem Toreschießen widmen.

Das Resultat kann sich sehen lassen, denn allein die Liste der Titelgewinne des Trios Maier, Beckenbauer und Müller ist beeindruckend:

- ⚽ Weltmeister 1974
- ⚽ Europameister 1972
- ⚽ Champions League 1974, 1975, 1976
- ⚽ Pokal der Pokalsieger 1967
- ⚽ Weltpokalsieger 1976
- ⚽ Deutscher Meister 1969, 1972, 1973, 1974
- ⚽ Deutscher Pokalsieger 1966, 1967, 1969, 1971

Franz Beckenbauer – »Der Kaiser«

Nachdem ihm der vermeintlich höchste irdische Titel »der Kaiser« bereits zu Spielerzeiten vermacht wurde, mussten die Medien im weiteren Verlauf seines Lebens eine Steigerung erfinden, um seinen fortschreitenden Heldentaten gerecht zu werden. Und so wurde aus dem Arbeiterkind aus Giesing letztendlich »die Lichtgestalt des deutschen Fußballs«. Denn die aktive Zeit als Spieler mit dem Gewinn sämtlicher nationaler wie internationaler Titel (siehe oben) war nur der Anfang einer beispiellosen Erfolgsgeschichte im deutschen Sport. 1984 übernahm Beckenbauer ohne Trainererfahrung und -lizenz den eigens für ihn geschaffenen Posten des Teamchefs der kränkelnden Nationalmannschaft. Nach der Vize-Weltmeisterschaft 1986 gelang ihm dann bei der WM 1990 in Italien der epochale Triumph: Als erster Fußballer überhaupt gewann Beckenbauer als Spieler und nun auch Trainer den Weltmeistertitel. Seine Popularitätswerte in Deutschland waren so hoch, dass er sich problemlos zum Bundespräsidenten hätte wählen lassen können. Präsident wurde er dann, aber der seines Stammvereins Bayern München. Und holte mit den Bayern so nebenbei als Interimstrainer 1994 den deutschen Meistertitel und 1996 den UEFA-Pokal. In den letzten Jahren nutzte Beckenbauer sein Standing im internationalen Fußball, um als Präsident des Organisationskomitees die Weltmeisterschaft 2006 nach Deutschland zu holen. Dieser Erfolg wird nahezu ausschließlich seinem Engagement zugeschrieben. Beide Präsidentenposten verrichtet Beckenbauer ehrenamtlich, und trotzdem müssen Sie sich keine Sorgen um seine Finanzen machen. Denn die Lichtgestalt ist eine der gefragtesten Werbefiguren im deutschen Fernsehen und verdient allein als Experte der TV-Sender Premiere und ZDF im Jahr weitaus mehr als wir alle in unserem ganzen Leben.

Gerd Müller – »Der Bomber der Nation«
Anlässlich des 40. Jahrestages des Bestehens der Bundesliga wurde der legendäre Stürmer 2003 zum erfolgreichsten Spieler der Eliteliga gekürt. Denn kein Spieler kann allein mit Zahlen seine Ausnahmestellung im deutschen Fußball so eindrucksvoll untermauern.

Mit 365 Toren in 427 Spielen steht Gerd Müller einsam an der Spitze der Bundesligatorjäger – ein Rekord für die Ewigkeit.

Dabei hat der »Bomber« natürlich auch die meisten Torjägerkanonen errungen, die der beste Torschütze einer abgelaufenen Saison als Trophäe überreicht bekommt. Gerd Müller wurde gleich siebenmal (1967, 1969, 1970, 1972, 1973, 1974 und 1978) Torschützenkönig der Bundesliga – noch ein Rekord, der wohl nie mehr erreicht werden wird.

Damit aber noch nicht genug: Gerd Müller war auch der Spieler, der in einer Saison die meisten Tore erzielt hat, 1972 mit phänomenalen 40 Treffern! Ihm am nächsten kam – er selber, wer sonst. Denn seine 38 Tore 1970 sowie seine 36 Tore 1973 rangieren in der Bestenliste auf den Plätzen zwei und drei.

Seine wichtigsten Tore hat Gerd Müller allerdings im Trikot der Nationalmannschaft erzielt. Darunter das Highlight im WM-Finale 1974 in München gegen Holland, als Müller den 2:1-Siegtreffer erzielte. Es war eines von 68 Toren in 62 Länderspielen. Muss ich betonen, dass dies ebenfalls ein sagenhafter Rekord ist? Mehr als ein Tor im Schnitt pro Länderspiel – der Mann war ein Phänomen! Und nebenbei noch WM-Torschützenkönig 1970 in Mexiko mit 10 (in Worten: ZEHN!) Treffern. Wenn Sie sich jetzt fragen, wie es dieser kleine, unscheinbare Kerl nur zu all diesen (Tor-)Erfolgen geschafft hat, dann gibt vielleicht sein Motto eine banale Antwort: »Wenn's denkst, ist eh zu spät.« Noch Fragen?

Den bisher letzten Weltmeistertitel 1990 verbindet der Fußballfan in Deutschland hauptsächlich mit dem Kapitän der Weltmeisterelf:

Lothar Matthäus – »der Loddar«
Bereits beim Gewinn des Europameistertitels 1980 stand Lothar Matthäus im Kader der Nationalmannschaft. Es wurden insgesamt 150

Einsätze – Rekord. Seinen größten Triumph feierte Matthäus mit dem WM-Titel 1990 in Italien. Für seine herausragenden Leistungen wurde Matthäus im selben Jahr als Europas Fußballer des Jahres und als Weltfußballer (1990 und 1991) ausgezeichnet.

Mit Bayern München gewann Matthäus sechsmal den deutschen und mit Inter Mailand 1989 den italienischen Meistertitel. Auch zwei UEFA-Pokalsiege, 1991 mit Inter Mailand und 1996 mit dem FC Bayern, konnte Matthäus gewinnen. Doch ein Traum blieb dem Erfolgsverwöhnten verwehrt: der Gewinn der Champions League. Die beiden unglücklichen 1:2-Finalniederlagen (nach jeweils 1:0-Führung!) mit Bayern München 1987 und 1999 zählen somit zu den schwärzesten Stunden in seiner glanzvollen Karriere.

Kultstatus erlangte Lothar Matthäus nicht nur durch seine fußballerischen Fähigkeiten, sondern auch durch sein kaum still stehendes fränkisches Mundwerk. Und so wurde aus Lothar Matthäus bald schon »der Loddar«. Und der Loddar spricht nicht nur ohne Punkt und Komma, sondern gerne auch von sich in der dritten Person. Und so konnte man oft so schöne Sätze genießen wie: »Einloddarmaddäuslässdsichnichdvonseinemgörberbesiegen-

einloddarmaddäusendscheidedselbsdübersein-
schigsal!«

Mit Partizan Belgrad errang er 2003 seinen
ersten Meistertitel als Trainer und führte sein
Team über die Qualifikation in die Champions
League. Und seit dem 1. 1. 2004 ist er Trainer
der ungarischen Nationalmannschaft.

Seit seiner Zeit bei Inter Mailand ist Lod-
dars Kleiderschrank voll mit Designer-Anzü-
gen. Und sein in Italien erworbenes Fachwissen in Sachen Mode gibt Matthäus gerne der
Öffentlichkeit weiter: »Gürtel und Schuhe
müssen in der gleichen Farbe sein!« Tja, meine Damen, wieder was gelernt!

Internationale Fußball-Legenden

Natürlich gab es viele herausragende Spieler
in der langen Fußballgeschichte. Vom elegan-
ten Holländer **Johann Cruyff** (der »König«)
bis zum famosen Franzosen **Michel Platini**.
Doch zwei Spieler stehen über allen anderen
Stars: Diego Armando Maradona und Edson
Arantes Do Nascimento alias Pélé!

Pélé – »Der Fußball-Gott«

Bereits mit 17 Jahren ging Pélés leuchtender
Stern auf, als er bei der WM 1958 mit Brasilien

Weltmeister wurde. Es sollten noch zwei weitere Weltmeistertitel folgen (1962 und 1970).

Pélé hatte alles, was ein perfekter Fußballer braucht: den Blick für den tödlichen Pass, den Killerinstinkt vor dem Tor und sagenhafte Dribbelkünste. In 92 Länderspielen erzielte Pélé damit 97 Tore – trotz permanenter Sonderbewachung. Noch eindrucksvoller ist seine Gesamtbilanz: In 1363 Spielen markierte Pélé unglaubliche 1281 Tore – natürlich der immer noch gültige Weltrekord.

Vom Internationalen Olympischen Komitee wurde Pélé 1999 zum »Sportler des Jahrhunderts« gewählt.

Diego Maradona – »Die Hand Gottes«

Wer Maradona mal live gesehen hat, weiß, wie schön und scheinbar mühelos Fußball sein kann. Mit seinem unglaublichen Ballgefühl und einer sensationellen Körperbeherrschung sorgte Maradona selbst bei den gegnerischen Fans für Szenenapplaus. Die Weltmeisterschaft 1986 mit dem Titelgewinn markierte den Höhepunkt seiner Laufbahn. Dabei erzielte Maradona im legendär gewordenen Spiel gegen England zuerst ein Tor mit der Hand (Maradona nach Spielende: »Es war die Hand Gottes«) und anschließend nach einem

Solo über das ganze Feld einen Treffer, der später zum besten Tor aller Zeiten gewählt wurde. Auf dem Fußballfeld das Genie, war Maradona außerhalb der kleine berühmte Junge, der dem Leben teilweise nicht gewachsen war. Seine Drogen- und Frauenaffären haben ihm in seinem Ansehen allerdings kaum geschadet. Nicht nur in seinem Heimatland, auch in Neapel, wo er in den 80er Jahren für den dortigen SSC spielte, wird Maradona noch heute als Gott verehrt. In der Innenstadt von Neapel gibt es einen Maradona-Heiligenschrein und seine Autobiografie »El Diego – Mein Leben« wird von seinen Fans als die Bibel bezeichnet. Denn für sie bleiben seine einzigartigen fußballerischen Talente unvergessen, die Max Merkel einmal so umschrieb: »Der kann aus 50 Metern Entfernung mit dem Ball eine Telefonnummer wählen.«

Die Top-Ligen Europas

Neben der deutschen Bundesliga sind die Ligen in Spanien, England und Italien als die stärksten anzusehen – nicht zuletzt, weil dort die meiste Kohle zu verdienen ist.

Spanien – Primera División

Die erfolgreichsten Vereine der Primera División:

Rekordmeister **Real Madrid** – »die Königlichen«
29 x spanischer Meister, 11 Europapokalsiege
FC Barcelona – »Barca«
16 x spanischer Meister, 8 Europapokalsiege

Besondere Merkmale der Primera División:
Es geht eigentlich Jahr für Jahr nur nach dem Motto »Alle gegen Real Madrid«. Und spanische Teams gehören zu den schlechtesten Verlierern im Weltfußball. Daher sind böse Fouls frustrierter Verlierer gegen Spielende völlig normal.

England – Premier League

Die erfolgreichsten Vereine der Premier League:

Rekordmeister **FC Liverpool** – »die Reds«
18 x englischer Meister, 7 Europapokalsiege
Manchester United – »ManU«
15 x englischer Meister, 3 Europapokalsiege
FC Arsenal London – »the Gunners«
12 x englischer Meister, 2 Europapokalsiege

Besondere Merkmale der Premier League:
Die Fans produzieren mit ihren leidenschaftlichen Gesängen Gänsehaut-Feeling im Stadion. Und die Spieler fliegen nicht bei jeder Berührung wie vom Blitz getroffen um und wälzen sich minutenlang am Boden.

Italien – Serie A

Die erfolgreichsten Vereine der Serie A:
Rekordmeister **Juventus Turin** – »Juve«
25 x italienischer Meister, 6 Europapokalsiege
AC Mailand – »Milan«
13 x italienischer Meister, 8 Europapokalsiege
Inter Mailand – »Inter«
11 x italienischer Meister, 5 Europapokalsiege

Besonderes Merkmal der Serie A:
Bei den italienischen Defensivkünstlern sind Tore oft so selten wie Italiener ohne Handy und Sonnenbrille. Daher galt das 0:0 lange als Standardergebnis in der Serie A (was sich durch die ausländischen Stars inzwischen etwas gebessert hat).

7

Österreichischer Fußball

Die Geschichte des österreichischen Fußballs
ist eine Melange aus kleinen Triumphen und
großen Tragödien, aber immer auch eine des
feinen Humors und der liebenswerten Anek-
doten. Der echte Fan österreichischen Fußballs benötigt neben Selbstironie ausreichend
Leidensfähigkeit und skandiert zu jeder er-
denklichen Möglichkeit den exklusiven
Schlachtruf der Alpenrepublik: »Immer wiiiieder, immer wiiiieder, immer wieder ÖS-TER-
REICH!«

Die Erfolge
(sind schnell erzählt)
Um tatsächlich nennenswerte Erfolge einer
österreichischen Nationalmannschaft finden
zu können, muss man mindestens ein halbes

Jahrhundert zurückblicken. Der dritte Platz 1954 bei der WM in der Schweiz und das Erreichen des WM-Halbfinales 1934 sind die mit Abstand besten Ergebnisse einer österreichischen Nationalmannschaft. Doch nur ein Wort kann wirklich Glanz in die Augen des österreichischen Fußball-Fans bringen: CORDOBA! Nein, Österreich ist damals 1978 in Argentinien nicht Weltmeister geworden oder zumindest glanzvoll ins Finale eingezogen. In der Zwischenrunde war man sogar schon vor dem letzten Spiel ausgeschieden. Aber dieses scheinbar bedeutungslose Abschlussspiel am 21. Juni 1978 wurde zur Legende und brachte sogar Helden hervor: Stürmer Hans Krankl erzielte beim 3:2-Erfolg über den großen Nachbarn und damals noch aktuellen Weltmeister Deutschland zwei Tore und wurde somit zum »Held von Cordoba«. Eindrucksvoll begleitet wurde er beim Siegtreffer vom völlig entfesselten österreichischen Radioreporter Edi Finger senior, der mit seinem ins Mikrofon gebrüllten »i werd' narrisch« ebenfalls zur Legende wurde.

Cordoba wurde nicht nur für Krankl, der danach vom großen FC Barcelona verpflichtet wurde, zum Sprungbrett einer internationalen Karriere. Krankls Sturmpartner Walter

Schachner wurde ebenso Italien-Legionär wie Regisseur Herbert »Schneckerl« Prohaska, der später mit dem AS Rom den ersten italienischen Meistertitel nach 41 Jahren gewann.

Bruno Pezzey (Eintracht Frankfurt) und Josef Hickersberger (Fortuna Düsseldorf) etablierten sich in den 80er Jahren in der Bundesliga.

Eine Spielergeneration später folgten u. a.: Andreas »Herzerl« Herzog (Werder Bremen und Bayern München) oder auch der charismatische Anton »Toni Doppelpack« Polster. Der Stürmer wurde in Köln und Mönchengladbach nicht nur wegen seiner mehrfach gezeigten Fähigkeit, zwei Tore in einem Spiel zu erzielen (daher der Spitzname »Toni Doppelpack«) zum Publikumsliebling, sondern auch durch seinen Humor, gepaart mit bestem Benehmen. Nach einer roten Karte gegen sich konnte es durchaus vorkommen, dass Polster den Platz erst verließ, nachdem er sich beim Schiedsrichter höflich mit Handschlag verabschiedet und ihm noch einen schönen Tag gewünscht hatte.

So charismatisch wie Toni Polster sind die sieben aktuell in der Bundesliga aktiven österreichischen Legionäre nicht. Allein vier davon (Harald Cerny, Thomas Weissenberger, Martin Stranzl und Marcus Pürk) stehen beim TSV 1860 München unter Vertrag und sorgen dort zumindest für eine feste österreichische Fangemeinde. Diese besteht bei den Sechzgern spätestens seit der Zeit, als Stürmer Peter Pacult mit seinen Toren den Wiederaufstieg in die Bundesliga ermöglichte und mit lockeren Sprüchen zum Liebling der Fans wurde. Nach seinem Karriereende arbeitete Pacult zunächst als Co- und später als Cheftrainer der Löwen, bis er im Frühjahr 2003 ziemlich forsch auf die Straße gesetzt wurde.

Der letzte österreichische Trainer in der Bundesliga war Kurt Jara, der im Oktober 2003 vom Hamburger SV entlassen wurde. Damit starb beim HSV auch die Hoffnung, die Erfolgsstory aus den 80er Jahren zu wiederholen, als ebenfalls ein Mann aus der Alpenrepublik die Norddeutschen trainierte: Ernst Happel, der mit dem HSV zweimal Deutscher Meister (1982, 1983), einmal DFB-Pokalsieger (1987) und 1983 auch Europapokalsieger der Landesmeister wurde. Zuvor hatte Happel als Trainer die holländische Nationalmannschaft 1978 ins WM-Finale geführt. Bei diesen Erfolgen fast zwangsläufig ist das bekannteste Stadion des Landes nach ihm benannt: das Ernst-Happel-Stadion in Wien.

Die Niederlagen

Diese Rubrik muss leider entfallen, weil dafür unser Buch nicht ausreicht – sorry!

Die Österreichische Bundesliga

Ein starkes Leistungsgefälle zwischen den Spitzenteams und dem Rest der Liga sowie Zuschauerzahlen auf deutschem Regionalliga-Niveau machen die österreichische Bundesliga zu einer eher mittelmäßig starken Liga in Europa. Trotzdem hat sich ein Austro-Kanadier zum Ziel gesetzt, den österreichischen Fußball in die europäische Spitze zu führen. Frank Stronach, gebürtiger Österreicher und in Kanada als Industrieller reich geworden, hat sich mit seinen Millionen neben dem Präsidentenamt in der österreichischen Bundesliga auch die Macht beim Traditionsklub Austria Wien gesichert. Geschätzte 40 Millionen Euro hat Stronach in wenigen Jahren in die Austria gesteckt, um sie Champions League-tauglich zu machen. Trainer kamen und gingen, darunter auch Christoph Daum, der durch seine Kokain-Affäre berühmt wurde. Immerhin konnte Daum die Austria 2003 zur Meisterschaft führen, verabschiedete sich aber mangels internationaler Perspektive anschließend schnell Richtung Istanbul. Sein Nachfolger, der Deutsche Joachim »Jogi« Löw, scheiterte danach zuerst in der Qualifikation zur Champions League und anschließend auch in der ersten Runde des UEFA-Pokals gegen Borussia Dortmund. Und so muss der gute Herr Stronach noch etwas warten, bis sich seine Millionen in internationalen Erfolgen bezahlt machen.

Wie ist die Liga strukturiert?

10 Teams spielen um den Meistertitel. Der Meister ist aber nicht für die Champions League direkt qualifiziert, sondern muss in die Qualifikation. Die zweiten und dritten Plätze bedeuten die Teilnahme am UEFA-Cup, der letzte Platz den Abstieg in die zweite Liga (die in Österreich beschönigend Erste Division heißt).

Die bekanntesten und erfolgreichsten Teams kommen aus Wien. Rapid Wien ist mit 33 Titeln Rekordmeister, während es der ewige Rivale Austria zumindest auf 22 Meistertitel brachte. Daneben hat sich in den letzten Jahren Graz mit dem GAK und Sturm als zweite österreichische Fußballhochburg etabliert.

8

Was Frau sonst noch so wissen muss

Die Meinungsmacher

Die Meinungsmacher im deutschen Fußball sind in der Regel ehemalige Spieler und Trainer, die sich inzwischen ihre Kohle als Experten bei Fernsehsendern und/oder Zeitungen verdienen. Oder es sind eben die Medien selbst.

Franz Beckenbauer

Als Bayern-Präsident steht Beckenbauer dem einflussreichsten Klub in Deutschland vor und als WM-Organisationschef ist er Herr über das größte Sportereignis in Deutschland seit über dreißig Jahren. Daher reißen sich die Medien um jedes Statement der »Lichtgestalt«. Und am besten schüttet man Beckenbauer mit Geld zu, um ihn als Experten zu gewinnen. Das macht die BILD-Zeitung mit ihrem Kolumnisten Beckenbauer schon seit Jahren. Und im TV-Bereich sichern sich der Pay-TV-Sender Premiere sowie das öffentlich-rechtliche ZDF mit Millionensummen das meist inhaltsfreie Gebrabbel des »Kaisers« (»Schau'n mer 'mal, dann seh'n mer scho'!). Denn keiner kann so charmant innerhalb kürzester Zeit genau das Gegenteil seiner vorherigen Ausführungen von sich geben wie »der Franz«. Doch das spielt keine Rolle. Denn wie merkte schon Otto Rehhagel treffend an: »Wenn Franz erklärt, dass der Ball eckig ist, dann glauben ihm das alle.«

Günter Netzer

Als Spieler war Günter Netzer eher launisch und sprunghaft, als ARD-Experte und Sportrechte-Händler betreibt er heute seine Geschäfte dagegen sehr nüchtern und sachlich. An der Seite von Moderator Gerhard Delling analysiert Netzer die Spiele der deutschen Nationalmannschaft knapp, präzise und stets fair, was dem Duo sogar den Grimme-Preis eingebracht hat. Eine gewisse Brisanz hat Netzers ARD-Engagement, seitdem er als Teilhaber der Schweizer Sportrechte-Firma Infront neben den Bundesliga-Rechten auch die WM-Rechte für 2006 besitzt. Damit muss Günter

Netzer quasi sein eigenes Produkt, die Nationalmannschaft, beurteilen. Diese Konstellation macht Netzer nach Beckenbauer zum mächtigsten Mann im deutschen Fußball-Business. Besonderes Merkmal: Ist gegenüber Änderungen in Frisurfragen resistent.

Udo Lattek
Langjähriger gefürchteter Kritiker im DSF-Doppelpass am Sonntag. Als einer der erfolgreichsten Trainer der Welt (15 große Titel, darunter alle drei Europapokale!) ist Udo Lattek auch heute noch einer der meistzitierten Fußballexperten in Deutschland, obwohl er mitunter gerne als Anekdoten-Onkel in Erscheinung tritt.

Paul Breitner
Der ehemalige Welt- und Europameister ist als SAT 1- und DSF-Experte im Einsatz, vor allem wohl, weil ihm Negatives wesentlich natürlicher aus seinem Mund zu kommen scheint als Positives. Dabei schwebt immer zwischen den Zeilen die Arroganz mit: Ich habe früher alles und vor allem besser gekonnt. Mit dieser Art hat es sich Paul Breitner bei so vielen, von seinem Stammverein Bayern bis zum DFB, verscherzt und ist dadurch

brandgefährlich. Denn er muss auf Freundschaften wohl keine Rücksicht mehr nehmen.

BILD-Zeitung

Wer hochgejubelt oder niedergemacht wird, das entscheidet niemand anderes in Deutschland als die Redaktion der BILD-Zeitung. Das ist auch und gerade im Sport der Fall. Deshalb führen die einen Feldzüge gegen BILD, während andere sich mit ihr verbünden. So wird das BILD-Opfer Berti Vogts wohl vornehmlich an das Boulevard-Blatt gedacht haben, als er mit einer für ihn ungewohnten Ironie anmerkte: »Wenn ich übers Wasser laufe, dann sagen meine Kritiker: Nicht mal schwimmen kann er.« Wer bei BILD auf der Abschussliste steht, hat tatsächlich keine Chance. Andererseits werden selbst die schönsten Affären des *BILD*-Kolumnisten Franz Beckenbauer von Deutschlands größter Boulevardzeitung kurz und milde abgehandelt – seltsam, oder?

Fußball in den Medien

In Deutschland kann es sich keine Tageszeitung leisten, auf Fußballberichterstattung zu verzichten. Besonders die BILD-Zeitung bietet dem Fußball-Fan täglich Futter. Darüber hinaus wird Fußball ausführlich in Magazinen und im Fernsehen behandelt. Hier eine kleine Orientierungshilfe für den Fan-Einsteiger:

Fernsehen

Mit Beginn der Saison 2003/2004 ist die Bundesliga wieder in die gute alte ARD-Sportschau zurückgekehrt. Zumindest Samstags (ab 18:10 Uhr), denn am Sonntag ist das DSF (ab 19.00 Uhr), sonst eher Zweitligasender, erstklassig am Ball. Auch die Länderspiele (inklusive EM 2004), DFB-Pokal und UEFA-Pokal kann man im öffentlich-rechtlichen Fernsehen (ARD und ZDF) genießen. Die Champions League wanderte von RTL zu SAT 1. Und der Pay-TV-Sender Premiere zeigt alle 306 Spiele der Bundesliga und alle 125 Begegnungen der Champions League live. Dafür ist allerdings ein Abo für die Sportkanäle nötig, das ab 18 Euro im Monat erhältlich ist.

Wer gerne vermeintliche oder wahre Experten über die fußballerischen (Fehl-)Leistungen des Wochenendes palavern hören möchte, der kann sich sonntags ab 11 Uhr beim DSF-»Doppelpass« von Journalisten, Präsidenten, Managern etc. berieseln lassen.

Printmagazine

KICKER – Das Beamtenblatt des deutschen Fußballs erscheint am Montag mit einer großen Ausgabe (Nachbetrachtung des abgelaufenen Spieltags inklusive Porträts und Geschichten) und am Donnerstag mit einer kleineren Ausgabe als Vorschau auf den kommenden Spieltag.

Fußball wird von den Kicker-Redakteuren als ernste Sache und daher eher nüchtern und seriös betrachtet.

Sport-BILD – Als Gegenpart zum Kicker ist das Sport-Magazin mit Schwerpunkt Fußball aus dem Hause Springer auf dem Boulevard zu Hause, sprich bunter und deutlich frecher. Sport-BILD erscheint mittwochs.

Die besten Fußballsprüche

Wer im Fußball mitreden möchte, muss sie draufhaben: die besten Fußball-Sprüche. Einige davon haben inzwischen sogar einen festen Platz in unserer Gesellschaft eingenommen. Hier ein paar Schmankerl:

»Zuerst hatten wir kein Glück, und dann kam auch noch Pech dazu.«
(Jürgen »Kobra« Wegmann, FC Bayern München)

»Das wird alles von den Medien hochsterilisiert.«
(Bruno Labbadia, Werder Bremen)

»Ich hatte vom Feeling her ein gutes Gefühl.«
»Ich bin sehr wohl selbstkritisch – sogar gegen mich.«
(Andreas Möller, Borussia Dortmund)

»Im Training habe ich mal die Alkoholiker meiner Mannschaft gegen die Antialkoholiker spielen lassen. Die Alkoholiker gewannen 7:1. Da war's mir wurscht, da hab' i' g'sagt: Sauft's weiter.«
(Max Merkel über Fußball und Alkohol)

»Ich darf als Reporter ja nicht parteiisch sein … ich will auch nicht parteiisch sein – aber … lauft, meine kleinen schwarzen Freunde, lauft!«
(Reporter Marcel Reif beim WM-Spiel Kamerun-Argentinien beim Stand von 1:0)

»Spieler waren schwach wie Flasche leer!«
»Ich habe fertig.«

(Giovanni Trapattoni als Trainer des FC Bayern München am Ende seiner legendären Rede am 10. März 1998)

»Der Ball ist rund.«
»Ein Spiel dauert 90 Minuten.«
»Nach dem Spiel ist vor dem Spiel.«
»Das nächste Spiel ist immer das schwerste.«
(Sepp Herberger, Bundestrainer der Weltmeisterelf 1954)

»Die Wahrheit liegt auf dem Platz.«
(Otto Rehhagel als Trainer von Werder Bremen)

»Schau'n mer 'mal, dann seh'n mer scho.«
(Franz Beckenbauer)

»Wie soll das denn dann heißen? Ernst-Kuzorra-seine-Frau-ihr-Stadion?«
(Politiker Johannes Rau zum Vorschlag, Fußballstadien nach Frauen zu benennen – zu einer Zeit, als Frauenfußball in Deutschland noch ein stiefmütterliches Dasein fristete)

»Fußball ist ein einfaches Spiel, bei dem 22 Spieler mit dem Ball gegeneinander spielen, und zuletzt gewinnt immer Deutschland.«

(Gary Lineker, frustrierter englischer National-spieler zu seiner Definition von Fußball)

»Ich habe viel von meinem Geld für Alkohol, Weiber und schnelle Autos ausgegeben. Und den Rest habe ich einfach verprasst.«
(George Best, enfant terrible des britischen Fuß-balls)

»Es war die Hand Gottes.«
(Diego Maradona, nachdem er im WM-Spiel Argentinien-England 1986 ein Tor mit der Hand erzielt hat)

»Am Montag nehme ich mir vor, zur nächsten Partie zehn Spieler auszuwechseln. Am Dienstag sind es sieben oder acht, am Donnerstag noch vier Spieler. Wenn es dann Samstag wird, stelle ich fest, dass ich doch wieder dieselben elf Scheißkerle einsetzen muss wie in der Vorwoche.«
(John Toshack als Trainer von Real Madrid)

»Das größte Problem beim Fußball sind die Spieler. Wenn wir die abschaffen könnten, wäre alles gut.«
(Helmut Schulte, spürbar frustrierter Trainer des FC St. Pauli)

»Beim Fußball verkompliziert sich alles durch das Vorhandensein der gegnerischen Mannschaft.«
(Jean-Paul Sartre, französischer Philosoph)

»Wenn ich übers Wasser laufe, dann sagen meine Kritiker: Nicht mal schwimmen kann er.«
(Berti Vogts als Bundestrainer)

»Mein Name ist Finken, und du wirst gleich hinken.«
(Herbert Finken, rustikaler Verteidiger von Tasmania Berlin, zur Begrüßung seines Gegenspielers)

»Ich mache nie Voraussagen und werde das auch nie tun.«
(Paul Gascoigne, englischer Nationalspieler)

»Der Jürgen Klinsmann und ich, wir sind ein tolles Trio, ... äh, Quartett.«
(Fritz Walter, VfB Stuttgart)

»Bei der Fußball-WM habe ich mir Österreich gegen Kamerun angeschaut. Warum? Auf der einen Seite Exoten, fremde Kultur, wilde Riten – und auf der anderen Seite Kamerun!«
(Dieter Nuhr, Kabarettist)

9

Jetzt müssen Sie sich entscheiden

So, jetzt kennen Sie alles Wissenswerte zum Lieblingssport unserer Männer – und vielleicht auch Ihrer neuen Lieblingsbeschäftigung. Wenn Sie sich also entscheiden, Fußballfan zu werden, so müssen Sie sich nur noch entscheiden, was für eine Spezies Fan Sie werden wollen. Denn es gibt – seltene Ausnahmen einmal ausgenommen – zwei Kategorien von Fußballfans. Spezies eins, nennen wir sie die Erfolgstrittbrettfahrer, suchen sich ihren Lieblingsverein nach den bestmöglichen Erfolgsaussichten aus, da sie in ihrem sonstigen Leben vielleicht wenig Erfolgreiches erleben dürfen!? Für Erfolgstrittbrettfahrer kommt eigentlich nur Bayern München oder international Real Madrid in Frage.

Spezies zwei, sie könnte man als die Romantiker bezeichnen, suchen sich einen Verein aus, der möglichst viele Emotionen transportieren kann. Dabei ist nicht der Erfolg vorrangig, sondern das gemeinsame Erleben von Sieg oder Niederlage in einer intelligenten, fairen und gewitzten Fangemeinde. Die Romantiker tendieren eher zu Außenseiterteams wie dem SC Freiburg oder Hamburgs Kultklub FC St. Pauli, der inzwischen leider in die dritte Liga abgerutscht ist.

Aber egal, wofür Sie sich entscheiden, das Wochenende wird zukünftig eine ganz neue Bedeutung für Sie haben. Und Champions League-Abende in vollen, verrauchten Kneipen werden bald zu einem festen Bestandteil Ihres Lebens werden. Viel Spaß dabei – und nie den Kick it-Guide vergessen!

9

Die Fußballersprache

Zum besseren Verständnis der Fußballersprache finden Sie nachfolgend eine Liste mit Wörtern, Ausdrücken und Redewendungen, die ohne Erläuterungen wie eine Fremdsprache anmuten, in einem Gespräch über Fußball jedoch ausgesprochen hilfreich sein können.

4-4-2 – ein klassisches Spielsystem und ein bekanntes Fußballmagazin in England.

Abfangen – Einen Ball erkämpfen, der für einen Gegenspieler bestimmt war, bevor dieser ihn erreicht.

Abschiedsspiel – Ein Spiel, das zu Ehren eines Spielers ausgetragen wird (dieser spielt selbst mit), der sich um den Verein verdient gemacht hat. Der Spieler erhält die Einnahmen aus den Eintrittsgeldern des Spiels.

Abseits – Ist, wenn der Schiri pfeift.

Abseitsfalle – Als Reaktion auf den Ruf »raus!« des Abwehrchefs laufen alle Verteidiger schnell vom eigenen Tor weg, in der Hoffnung, einen gegnerischen Spieler damit in eine Abseitsposition zu bringen, und rufen dann »Schiri!!!« – mit dem Ergebnis, dass der Schiedsrichter nicht erkennt, dass der Spieler tatsächlich im Abseits steht, und das Spiel weiterläuft.

Abstieg – Wenn eine Mannschaft am Saisonende einen der letzten 3 oder 4 Plätze belegt und in der kommenden Saison eine Liga tiefer spielen muss.

Anstoß – der Beginn des Spiels.

Auf der Bank – Wenn ein Spieler nicht von Anfang an spielt, sondern als Reservespieler auf der Bank sitzt.

Auf Leihbasis – Ein Spieler, der in seinem Team nicht oft spielt, wird von einem anderen Team für einen festgelegten Zeitraum ausgeliehen.

Aufstieg – Etwas, das uns hart arbeitenden Menschen nie zuteil wird, dafür aber dieser dummen Nuss aus dem Büro (sie hat garantiert ein Verhältnis mit dem Marketing-Chef), und wenn eine Mannschaft in der kommenden Saison in der nächsthöheren Liga spielt, weil sie in der abgelaufenen Saison unter die besten 2 oder 3 Mannschaften kam (je nach Liga unterschiedlich).

Beinschuss/Tunnel – Wenn der Ball einem Gegenspieler durch die Beine gespielt wird. Blamage für den »getunnelten« Spieler.

Bosman Urteil – Wenn ein Spieler, dessen Vertrag ausgelaufen ist, ablösefrei zu einem anderen Verein in Europa wechseln kann (gilt nicht für Spieler unter 23). Benannt nach dem Belgier Jean-Marc Bosman, der dieses Recht – letztendlich stellvertretend für alle Sportler – vor Gericht durchsetzte.

Brasilianisch spielen – Technisch erstklassig.

Bundestrainer – Gibt es ca. 30 Millionen in Deutschland. Sitzen bei den Länderspielen mit Bier und Chips vor dem Fernseher und hätten alles viel besser gemacht.

Dauerkarte – Karte, die vor Saisonbeginn gekauft wird und für alle Heimspiele der eigenen Mannschaft gilt.

Derby – Zwei rivalisierende Mannschaften aus einer Stadt oder Region spielen gegeneinander.
DFB – Deutscher Fußball-Bund. Ähnelt in seiner Altersstruktur den Zentralkomitees früherer Ostblockstaaten.
DFL – Deutsche Fußball-Liga. Hat zwei Aufgaben: Selbstdarstellung und möglichst viel Geld für die Vereine aufzutreiben.

Doppelpass – Eine elegante Möglichkeit, am Gegenspieler vorbeizukommen: man spielt den Ball zu einem Mannschaftskameraden, umläuft den Gegner und erhält den Ball daraufhin vom Mannschaftskameraden auf direktem Weg zurück.

Double/Triple – Wenn eine Mannschaft in einer Saison zwei (Double) bzw. drei (Triple) große Titel gewinnt. Z. B. hat Bayern München in der abgelaufenen Saison 2002/2003 mit der Meisterschaft und dem Pokalsieg das Double errungen. Manchester United erkämpfte sich in der Saison 1998/1999 den Dreifach-Sieg: Sie wurden englischer Meister, gewannen den FA-Cup und wurden Sieger der Champions League.

Dribbling – Sich den Weg an mehreren Gegenspielern vorbei bahnen, den Ball eng am Fuß. Ähnelt einem Slalomlauf beim Skifahren, wobei die Gegner die Stangen darstellen.

Eine echte Nummer 10 – Steht als Synonym für einen klassischen Spielmacher/Regisseur. Dieser trug früher immer die Rückennnummer 10, was teilweise noch heute gilt. Maradona trug die Nummer 10.

Fallrückzieher – Ein Spieler spielt den Ball im Fallen rückwärts über seinen Kopf hinweg.
FIFA – Federation Internationale de Football Associations, der Weltfußballverband.

Frischer Mann – Ein neuer Spieler wird für einen (erschöpften) Spieler eingewechselt.

Freundschaftsspiel – Eine Begegnung zwischen zwei Mannschaften, die nicht zu einem offiziellen Wettbewerb zählt.

Halbprofi – Fußballer z. B. aus der dritten Liga oder darunter, der einer normalen bürgerlichen Beschäftigung nachgeht, da er allein von den Einkünften aus dem Fußball nicht leben kann.

Halbvolley – Der Ball wird unmittelbar mit dem Aufspringen gespielt.

Heim- bzw. Auswärtsspiel – Wenn eine Mannschaft in ihrem eigenen Stadion bzw. im Stadion des Gegners spielt.

Joker – Ein Spieler, der bekannt dafür ist, Tore zu schießen, wenn er eingewechselt wird.

Knipser/Abstauber – Ein Spieler, dessen Stärke es ist, Tore zu schießen – und dabei speziell abgefälschte Bälle im Strafraum »abstaubt«.

Körpertäuschung – Wenn ein Spieler so tut, als würde er in eine Richtung laufen, dann aber in die andere Richtung läuft, um einen Gegenspieler zu narren.

Kopfball – Der Ball wird mit dem Kopf gespielt.

La Ola/Die Welle – Probieren Sie es erst gar nicht!

Manndeckung – Ein Spieler (ohne spezielle sexuelle Neigung) hält sich ständig in unmittelbarer Nähe seines Gegenspielers auf, damit dieser nicht in Ballbesitz kommt.

Passives Abseits – Ein Spieler steht zwar im Abseits, greift aber nicht aktiv ins Spiel ein. Passives Abseits wird nicht gepfiffen.

Rotationssystem – Wenn Sie mit Ihren drei

Boyfriends jonglieren und darauf achten, mit jedem gleich oft gesehen zu werden. Und wenn ein Trainer bestimmte Spieler abwechselnd in verschiedenen Begegnungen einsetzt.

Rote Karte – Platzverweis nach einer groben Unsportlichkeit (kann ein böses Foul oder eine üble Schiedsrichterbeleidigung sein).

Rückennummer – Die Nummer auf dem Trikot eines Fußballers.

Scout – Angestellter des Vereins, der landesweit oder auch international nach Talenten Ausschau hält.

Spielerberater – Wird von einem Spieler verpflichtet, um für diesen Verträge auszuhandeln und die PR-Arbeit zu erledigen.

Stark in der Luft – Wenn ein Spieler kopfballstark ist.

Teamchef – Wer Trainer einer Mannschaft wird, aber den in Deutschland dafür notwendigen DFB-Trainerschein nicht vorweisen kann, wird kurzerhand zum Teamchef umbenannt und erhält einen mit Trainerschein ausgestatteten Assistenten an seine Seite, der offiziell als Trainer geführt wird.

UEFA – Union of European Football Associations, der Europäische Fußballverband.
Verwarnung – eine gelbe Karte.

Volley – Ein Ball, der aus der Luft gespielt wird, bevor er aufspringt.

Wir spielten gegen 12 Leute – Ausspruch, wenn der Schiedsrichter im Verlauf eines Spiels mit seinen Entscheidungen permanent den Gegner bevorzugte.

Zweikampf – Die so genannte 1:1-Situation. Der Abwehrspieler versucht, dem Gegenspieler den Ball abzujagen, während der Angreifer versucht, am Abwehrspieler vorbeizukommen.